BEI GRIN MACHT SICH IHR WISSEN BEZAHLT

- Wir veröffentlichen Ihre Hausarbeit,
  Bachelor- und Masterarbeit

- Ihr eigenes eBook und Buch -
  weltweit in allen wichtigen Shops

- Verdienen Sie an jedem Verkauf

Jetzt bei www.GRIN.com hochladen und kostenlos publizieren

Bibliografische Information der Deutschen Nationalbibliothek:

Die Deutsche Bibliothek verzeichnet diese Publikation in der Deutschen National-bibliografie; detaillierte bibliografische Daten sind im Internet über http://dnb.d-nb.de/ abrufbar.

Impressum:

Copyright © 2020 GRIN Verlag
Druck und Bindung: Books on Demand GmbH, Norderstedt Germany
ISBN: 9783346182289

Dieses Buch bei GRIN:

https://www.grin.com/document/747110

Dieter Müller

Die Gefahrzeichen der StVO

GRIN Verlag

GRIN - Your knowledge has value

Der GRIN Verlag publiziert seit 1998 wissenschaftliche Arbeiten von Studenten, Hochschullehrern und anderen Akademikern als eBook und gedrucktes Buch. Die Verlagswebsite www.grin.com ist die ideale Plattform zur Veröffentlichung von Hausarbeiten, Abschlussarbeiten, wissenschaftlichen Aufsätzen, Dissertationen und Fachbüchern.

Besuchen Sie uns im Internet:

http://www.grin.com/

http://www.facebook.com/grincom

http://www.twitter.com/grin_com

Die Gefahrzeichen der StVO

von Prof. Dr. Dieter Müller, Bad Dürrenberg

Gliederung

I. Gefahrzeichen als Mahnzeichen

Gefahrzeichen sind Mahnzeichen, d.h. sie sollen denjenigen, die der Inhalt des Zeichens angeht, ein bestimmtes Verkehrsverhalten nahelegen. Eine mahnende Wirkung kann von einem Gefahrzeichen jedoch nur dann ausgehen, wenn auf der einen Seite die Mahnung sachlich berechtigt ist und diese mentale Beeinflussung auf der anderen Seite des Verkehrsteilnehmers auch als sinnvoll erkannt wird, d.h. von der Natur der Sache her verstanden und akzeptiert wird.

Gefahrzeichen sind demnach besondere Kommunikationszeichen, die auf Gegenseitigkeit zwischen der regelnden Behörde und den von der Verkehrsregelung betroffenen Verkehrsteilnehmern beruhen. Dabei müssen Gefahrzeichen regelmäßig nur in den Fällen angeordnet werden, wenn sich die Art der Gefahrenstelle nicht ohne weiteres oder nicht rechtzeitig erkennbar aus der Beschaffenheit der Straße ergibt und damit ein Unfallrisiko auch für Verkehrsteilnehmer eröffnet, die ihrer Sorgfaltspflicht Genüge tun.[1]

Die Vorschrift des § 40 StVO[2] lautet:

---

§ 40 Gefahrzeichen

(1) Gefahrzeichen mahnen zu erhöhter Aufmerksamkeit, insbesondere zur Verringerung der Geschwindigkeit im Hinblick auf eine Gefahrsituation (§ 3 Absatz 1).

(2) Außerhalb geschlossener Ortschaften stehen sie im Allgemeinen 150 bis 250 m vor den Gefahrstellen. Ist die Entfernung erheblich geringer, kann sie auf einem Zusatzzeichen angegeben sein, wie

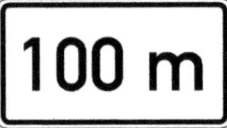

(3) Innerhalb geschlossener Ortschaften stehen sie im Allgemeinen kurz vor der Gefahrstelle.

(4) Ein Zusatzzeichen wie

kann die Länge der Gefahrstrecke angeben.

(5) Steht ein Gefahrzeichen vor einer Einmündung, weist auf einem Zusatzzeichen ein schwarzer Pfeil in die Richtung der Gefahrstelle, falls diese in der anderen Straße liegt.

(6) Allgemeine Gefahrzeichen ergeben sich aus der Anlage 1 Abschnitt 1.

(7) Besondere Gefahrzeichen vor Übergängen von Schienenbahnen mit Vorrang ergeben sich aus der Anlage 1 Abschnitt 2.

Nimmt der Fahrer eines Kfz am Straßenrand ein Gefahrzeichen wahr, so ist er bereits mit der Wahrnehmung des Verkehrszeichens dazu verpflichtet, konkrete Vorsichtsvorkehrungen in seinem Fahrverhalten zu treffen, auch wenn für ihn aus seiner subjektiven Sicht noch keine konkrete Gefahrensituation erkennbar ist.[3] Diese Regel folgt nicht nur aus dem angeordneten Gefahrzeichen,

---

[1] *OLG Koblenz* VRS 102, 163 ff.; VRS = Verkehrsrechts-Sammlung, eine Rechtsprechungsdatei aus dem Erich Schmidt Verlag.
[2] Straßenverkehrs-Ordnung vom 6. März 2013 (BGBl. I S. 367), zuletzt geändert durch Artikel 1 der Verordnung vom 20. April 2020 (BGBl. I S. 814).
[3] *OLG Düsseldorf* VRS 60, 265 ff.

sondern aus dessen Verbindung mit den Grundsätzen der gegenseitigen Rücksichtnahme sowie dem defensiven Fahren aus § 1 Abs. 1[4].

Befindet sich ein Gefahrzeichen am Straßenrand, so wird durch den Inhalt dieses Zeichens der allgemeine Vertrauensschutz des Verkehrsteilnehmers aus § 1 Abs. 1 für den Bereich des sachlichen Inhalts des entsprechenden Zeichens aufgehoben. So wird im Falle des Zeichens 136 der Vertrauensschutz gegenüber dem Verhalten von Kindern, der ohnehin durch die besondere Schutzregel des § 3 Abs. 2a bereits stark eingeschränkt ist, nochmals deutlich reduziert.[5]

Da allerdings die Gefahrzeichen sehr unterschiedliche Sachinhalte wiedergeben, kann das notwendige Vorsorgeverhalten in seiner konkreten Umsetzung nicht pauschalisiert werden und für alle Fälle gleich sein, sondern muss sich stets an die konkret mögliche Gefahrensituation angepasst im Verkehrsverhalten des einzelnen Verkehrsteilnehmers zeigen.[6]

Grundsätzlich musste die gefahrene Geschwindigkeit im Bereich eines Gefahrzeichens nach der Rechtslage bis zum 1.9.2009 nicht sogleich verringert, jedoch durfte diese ab dem Erreichen der Höhe des Zeichens nicht mehr erhöht werden.[7] Herrschten im durch das Gefahrzeichen angekündigten Gefahrenbereich jedoch zusätzlich noch erschwerte Sichtumstände, so mussten Kraftfahrzeugführer ihre Fahrgeschwindigkeit in Extremfällen jedoch auch schon bis zum Zeitpunkt der Rechtsänderung bis auf Schrittgeschwindigkeit verringern.[8]

Generell gilt: Wer trotz eines vorhandenen Gefahrzeichens die zuvor mittels Zeichen 278 freigegebene Geschwindigkeit sogleich deutlich erhöht, geht bewusst die Gefahr ein, auf plötzlich eintretende Gefahrensituationen sein Fahrzeug nicht mehr vor der Risikostelle anhalten zu können.[9] Der betreffende Kraftfahrzeugführer zeigt durch dieses Verhalten auch seine ganz persönliche Rangliste der Verkehrszeichen, in der die Geschwindigkeit im Vordergrund rangiert und die Gefahrzeichen in ihrem Bedeutungsgehalt offensichtlich vielfach ignoriert werden. Ein solches Verhalten ist im zivilrechtlichen Sinne als grob fahrlässig zu bewerten.

Nach der Rechtsänderung des Abs. 1 mahnen Gefahrzeichen „zur Verringerung der Geschwindigkeit", und zwar „im Hinblick auf eine Gefahrsituation". Dass eine abstrakte Gefahrsituation in dem betreffenden Streckenabschnitt, für den ein Gefahrzeichen angeordnet wurde, besteht, wurde durch die Straßenverkehrsbehörde vorab in einem förmlichen Verfahren unter Anhörung der Polizei geprüft und verbindlich festgestellt. Die Formulierung ist daher als eine generelle Verpflichtung zur Verringerung der gefahrenen Geschwindigkeit zu verstehen. Dies kommt auch durch den Klammerhinweis auf die Vorschrift des § 3 Abs. 1 zum Ausdruck, der eine angepasste Geschwindigkeit von jedem Fahrzeugführer verbindlich fordert.

Nach Auffassung des Saarländischen Oberlandesgerichts verhält sich indessen der Verkehr im Bereich eines Gefahrzeichens 101 mit Zusatzzeichen „gefährliche Einmündungen" schon dann verkehrsgerecht, wenn er dem Straßenverlauf und den erkennbaren Einmündungen eine größere Aufmerksamkeit widmet. Ohne konkrete Anhaltspunkte auf eine sich abzeichnende Gefahrensituation sei der Fahrer in diesen Situationen nicht gehalten, seine Geschwindigkeit alleine mit Blick auf das Zusatzschild deutlich unter die vorgeschriebene, beschränkte Geschwindigkeit herabzusetzen.[10] Diese Auffassung des OLG ist vor dem Hintergrund des geltenden Rechts abzulehnen, weil sie dem verschärften Wortlaut des Abs. 1 und dem damit verbundenen neuen Wertungsinhalt widerspricht. Neben einer zu Recht angenommenen größeren Aufmerksamkeit sind nunmehr eine konkrete Absenkung der Fahrgeschwindigkeit und eine stetige Bremsbereitschaft zu fordern.

---

[4] §§ ohne nähere Bezeichnung sind solche der StVO.
[5] vgl. dazu *KG* VRS 58, 348 ff.; KG = Kammergericht Berlin.
[6] *OLG Düsseldorf* VRS 60, 265 ff.
[7] *OLG Oldenburg* VRS 71, 172 ff.
[8] *OLG Koblenz* VRS 62, 335 ff.
[9] *OLG Oldenburg* VRS 71, 172 ff.
[10] *Saarländisches Oberlandesgericht Saarbrücken*, Urt. v. 24.4.2012 - 4 U 131/11 - 40, 4 U 131/11, juris.

II.   Aufmerksamkeits- und Verkehrssicherungspflicht

Im Bereich von Gefahrzeichen gilt insbesondere für die Kraftfahrzeugführer stets das Gebot „erhöhter Aufmerksamkeit"[11]. Diese aus der Rechtsprechung entwickelte Verpflichtung wurde mit der 46. Änderungs-Verordnung in die StVO übernommen.

Wird ein Gefahrzeichen von einem Kraftfahrzeugführer nicht gesehen oder bemerkt, wird ihm diese Aussage oder Tatsache von der Rechtsprechung im Regelfall negativ zugerechnet, da er es in der konkreten Verkehrssituation erkennbar an der notwendigen Aufmerksamkeit hat fehlen lassen.[12] Zudem entstehen bei einer solchen Aussage in einem Verfahren in nicht wenigen Fällen erste Eignungszweifel, weil eine punktuell mangelhafte Wahrnehmung ein Indiz dafür sein kann, dass Aufmerksamkeitsdefizite bestehen, die körperliche Ursachen haben können. Derartige Eignungszweifel können ggf. von der Polizei gem. § 2 Abs. 12 StVG an die Fahrerlaubnisbehörde berichtet werden.[13] Können nämlich die jeweils beteiligten Behörden innerhalb eines gewissen zeitlichen Zusammenhanges (etwa innerhalb des Zeitraums eines Jahres) wiederholte Aufmerksamkeitsdefizite dieser Art feststellen, besteht der begründete Verdacht mangelnder Fahreignung, dem mittels Aufforderung zu einer medizinischen Untersuchung begegnet werden kann.

Die Verkehrssicherungspflicht hinsichtlich der an die jeweilige Situation angepassten Anordnung von Gefahrzeichen trägt der Träger der Straßenbaulast, der sich also um eine entsprechende Beschilderung bemühen und diese gegebenenfalls konkret anregen muss.

Das *OLG München* entschied über einen Verkehrsunfall, während dessen Regulierung sich ein geschädigter Lkw-Fahrer auf eine Verletzung der Verkehrssicherungspflicht auf einer Gemeindeverbindungsstraße berief, die für die Nutzung durch Lkw-Verkehr eigentlich baulich nicht geeignet war. Sein Lkw war durch ein für Lkw eigentlich unzureichendes Lichtraumprofil, namentlich durch Kollision mit Ästen zu Schaden gekommen. Vor dieser Besonderheit im Verkehrsraum war nicht mittels Gefahrzeichen gewarnt worden. Der Senat entschied: *„Ist eine untergeordnete Gemeindeverbindungsstraße auf Grund einer Breite von lediglich ca. 3 m auf einen Lkw-Verkehr nicht zugeschnitten und lässt einen Begegnungsverkehr nicht zu, kann sie aber trotz in den Luftraum über der Fahrbahn hineinragender Baumasten bei entsprechender Fahrweise jedenfalls auf der Fahrbahnmitte gefahrlos auch von Lkws mit hohem Aufbau befahren werden, so trägt der Lkw-Fahrer das alleinige Verschulden, wenn er bei einem Ausweichmanöver vor einem entgegenkommenden Radfahrer auf die äußerste rechte Fahrbahnseite fährt und mit dem Aufbau des Fahrzeugs an einen in die Fahrbahn hineinragenden Baumast stößt. Dem Verkehrssicherungspflichtigen ist in einem solchen Fall keine Pflichtverletzung anzulasten. Er darf davon ausgehen, dass ein Lkw-Fahrer erkennt, dass die Straße für Lkw wenig geeignet ist, und er besondere Aufmerksamkeit auf den Begegnungsverkehr richten sowie sich auf die gut erkennbar in die Fahrbahn hineinragenden Baumteile einstellen und die Straßenmitte einhalten muss."*[14]

Auf der anderen Seite enthebt die Verkehrssicherungspflicht aber den Verkehrsteilnehmer nicht seiner allgemeinen Sorgfaltspflicht gem. § 1 Abs. 1 sowie seiner spezielleren Sorgfaltspflichten z.B. aus § 3 Abs. 2a. Kraftfahrzeugführer dürfen sich also nicht blindlings darauf verlassen, dass im Verlauf ihres Fahrweges auf sämtliche auch nur denkbaren Gefahren mittels Gefahrzeichen hingewiesen wird. Diese Erwartungshaltung würde einer Überbeschilderung Tor und Tür öffnen und im Sinne einer erwünschten besonderen Sensibilisierung der Fahrzeugführer für wirkliche Gefahrenstellen kontraproduktiv wirken.

---

[11] *OLG Karlsruhe* VRS 78, 166 ff.
[12] *BGH* VRS 42, S. 362 ff.; *OLG Hamburg* VRS 59, 145 ff.; sollte die Aufmerksamkeitsverletzung auf der gegnerischen Seite liegen ist es Pflichtaufgabe eines Anwalts, dieses Versäumnis zu thematisieren.
[13] Vgl. dazu grundlegend *Müller, Dieter*, Inhalte und Grenzen polizeilicher Mitteilungspflichten an Fahrerlaubnisbehörden, in: SVR Heft 7/2007, S. 241 ff.
[14] *OLG München*, Urt. v. 16.9.2010 - 1 U 3263/10, juris.

III. Sorgfaltspflichtverletzung und Pflichtwidrigkeitszusammenhang

Die verkehrsjuristische Bedeutung der Norm des § 40 wird aus dem Grund oft unterschätzt, weil Gefahrzeichen auf den ersten Blick einen lediglich mahnenden Rechtscharakter besitzen, Verstöße gegen den Inhalt der Gefahrzeichen also prinzipiell nicht bußgeldbewehrt sind.[15]

Bekanntlich wird jedoch bei den beiden Fahrlässigkeitsdelikten §§ 222, 229 StGB die Kausalität zwischen der Sorgfaltspflichtverletzung wie dem Ignorieren eines Gefahrzeichens und dem zeitlich darauffolgenden Tod oder der Verletzung, d.h. dem strafrechtlichen „Taterfolg", eines Menschen als so genannter Pflichtwidrigkeitszusammenhang geprüft. D. h. wenn das Ignorieren des mahnenden Inhalts eines Gefahrzeichens die eingetretene Körperverletzung oder den Tod eines Menschen begünstigt hat (Beispiel: Zeichen 136 Kinder), besteht auch eine Wahrscheinlichkeit, dass ein ursächlicher Zusammenhang zwischen dem vorangehenden Ignorieren und der nachfolgenden Verletzung bzw. dem Tod besteht.

Für diesen Zusammenhang gibt es allerdings keine eindeutig feststehenden juristischen Bewertungsmechanismen, so dass im Rahmen der strafprozessualen Ermittlungen in jedem Einzelfall neu entschieden werden muss, ob die ursprüngliche Sorgfaltspflichtverletzung tatsächlich auch ursächlich für den eingetretenen Erfolg gewesen ist. In jedem Fall ist jedoch im Rahmen der Ermittlungen nach Verkehrsunfällen mit verletzten oder getöteten Personen festzustellen, ob und wo sich ein Gefahrzeichen im Verkehrsraum befunden hat.

Das Beachten von Gefahrzeichen kann Leben retten, deren Ignorieren kann Leben kosten. Ein tödlicher Fahrradunfall in der Abenddämmerung, bei dem ein Fahrradfahrer, der keinen Helm trug, stürzte und sich eine schwere Kopfverletzung zuzog, ist dann nicht auf eine Verletzung von Verkehrssicherungspflichten (hier: durch einen Landwirt, der das Stromkabel zur Stromversorgung eines angelegten Maislabyrinths nutzte und durch die Stadt als Veranstalter diverser Kulturveranstaltungen, für die ebenfalls Strom benötigt wurde) zurückzuführen. Der Verunglückte hätte den Unfall durch dem Gefahrzeichen angepasste Fahrweise verhindern können.[16]

Wenn es in Streitfällen um den Vorwurf geht, eine Straßenverkehrsbehörde habe das Aufstellen eines geeigneten Warnschildes (etwa des Zeichens 101 zu § 40 StVO) oder eines Verkehrsverbotsschilds unterlassen, gehen die Verkehrssicherungspflicht und die Verkehrsregelungspflicht ineinander über.[17]

IV. Die Bedeutung von § 40 Abs. 2 – 5

1. Grundlagen der Beschilderung mit Gefahrzeichen

Gefahrzeichen sollen i.d.R. isoliert von anderen Verkehrszeichen stehen. So zumindest lautet die Grundregel für das Aufstellen von Gefahrzeichen aus VwV-StVO[18] zu den §§ 39 – 43 unter III. Allgemeines über Verkehrszeichen Nr. 11 a) Häufung von Verkehrszeichen. Eine begründete Ausnahme von dieser Grundregel liegt laut VwV-StVO dann vor, wenn ein Verkehrs- oder Streckenverbot aus dem Grund mit einem Gefahrzeichen kombiniert wird, weil durch das Gefahrzeichen genau vor der Gefahr gewarnt wird, auf dessen Grundlage das angeordnete Streckenverbot ausgesprochen worden ist.

Kontraproduktiv ist es, wenn die Mitarbeiter der Straßenmeistereien von der Anordnung der Gefahrzeichen durch die Straßenverkehrsbehörde abweichen und z.B. einen bereits vorhandenen, jedoch bereits mit einem anderen Verkehrsschild versehenen Pfosten dazu benutzen wollen, um daran das neue Gefahrzeichen zusätzlich anzubringen. Diese rechtswidrige Handlungspraxis kann im Ergebnis Verkehrsunfälle begünstigen und damit für Unfallverursacher möglicherweise entlastend wirken.

---

[15] Vgl. dazu die Begründung des Verordnungsgebers zu Abs. 1 Satz 1 der im Jahr 1970 erstmals in Kraft getretenen Vorschrift in Verkehrsblatt (Vkbl.) 1970, 819.
[16] *OLG Frankfurt*, Urt. v. 26.5.2017 – 13 U 21/14, juris.
[17] *OLG Koblenz*, Urt. v. 7.1.2002 - 12 U 900/00, juris.
[18] Die VwV-StVO ist als kostenfreies Angebot allgemein zugänglich unter:
http://www.verwaltungsvorschriften-im-internet.de/bsvwvbund_26012001_S3236420014.htm.

Weicht die Straßenverkehrsbehörde bei der Platzierung von Gefahrzeichen von den allgemein gültigen Aufstellungsgrundsätzen ab, so kann diese Praxis für betroffene Verkehrsteilnehmer nach verkehrswissenschaftlichen Erkenntnissen die nachfolgend skizzierten negative Folgen haben:

- Ablehnungshaltung gegenüber einer Überregulierung,
- verzögerte oder fehlerhafte Informationsaufnahme,
- Fehlinterpretationen in der Rangfolge der Informationsauswahl,
- unverhältnismäßig hoher Interpretationsaufwand hinsichtlich Regelungsinhalt,
- Gefahr von gehäuften Fehlinterpretationen der Regelungslage,
- Blackout gegenüber Regelungsvielfalt,
- ausbleibender Lerneffekt.

Diese Folgen, die in Extremfällen direkt zur Verursachung von Verkehrsunfällen führen können, wären durch eine im Einzelfall besser überlegte Beschilderungspraxis durchaus vermeidbar.
Nicht wenige Gefahrzeichen korrespondieren mit zahlreichen anderen Vorschriften aus der StVO. Diese inhaltlichen Zusammenhänge werden immer dann deutlich, wenn ein Blick auf den Bedeutungsgehalt des einzelnen Gefahrzeichens geworfen wird.

Als ein Beispiel soll hier das Gefahrzeichen 136 (Kinder) dienen, das mit zahlreichen weiteren Vorschriften in der StVO inhaltlich korrespondiert, also im inneren Zusammenhang mit diesen anderen Regelungen gedacht werden muss, wenn man dessen Bedeutung in vollem Umfang erfassen möchte. Als erste direkt mit diesem Zeichen verbundene Vorschrift soll an dieser Stelle § 3 Abs. 2a genannt werden, wonach Fahrzeugführer gegenüber Kindern eine besondere Sorgfaltspflicht beachten müssen. Diese gipfelt inhaltlich darin, dass durch das Verhalten der Fahrzeugführer eine Gefährdung von Kindern ausgeschlossen sein muss.

2.   Aufstellorte für Gefahrzeichen

Die Vorschrift des § 40 Abs. 2 gibt für die Standorte von Gefahrzeichen außerhalb geschlossener Ortschaften eine im doppelten Sinne vage Entfernungsangabe. Zunächst schränkt der vom Verordnungsgeber gewählte Wortlaut „im Allgemeinen" die nachfolgenden Entfernungsangaben grundsätzlich ein, weil tatsächlich offenbleibt, wo in besonderen Fällen mit Gefahrzeichen zu rechnen ist. Des Weiteren bedeutet der Aufstellungsraum „150 bis 250 m vor den Gefahrenstellen" eine weitere offene Größe. Nochmals vervielfacht wird diese Unsicherheit durch die ergänzende Regelung aus VwV-StVO zu § 40 unter I., wonach von diesem Aufstellungsspielraum grundsätzlich (ein weiterer unbestimmter Rechtsbegriff) nur in den Fällen nach oben oder nach unten abgewichen werden darf, „wenn dies zu ausreichender Unterrichtung der Kraftfahrer dienlich ist". In welchen Fällen von einer dienlich größeren oder kürzeren Entfernung zur Gefahrenstelle ausgegangen werden darf, bleibt ebenso offen wie der spezielle Sinn dieser inhaltlichen Ergänzung.

Die in Abs. 2 S. 2 getroffene Regel bleibt in ihrem Sinn ebenfalls nebulös. Zunächst wird mit dem Wortlaut „erheblich geringer" ein weiterer unbestimmter Rechtsbegriff vorangestellt, der dann zusätzlich der Straßenverkehrsbehörde einen Ermessensspielraum eröffnet, dem Gefahrzeichen ein Zusatzschild anzufügen.

Etwas mehr Normenklarheit wäre sowohl für die Verkehrsteilnehmer, als auch für die Mitarbeiter der Verkehrsbehörden durchaus wünschenswert, Unsicherheiten in der Auslegung müssen jedoch im Streitfall zugunsten der Verkehrsteilnehmer ausgelegt werden, die sich kaum mehr an den Normen der Verordnung orientieren können.

Jedenfalls dürfen Straßenverkehrsbehörden nach den voran gegangenen Regeln den Aufstellort für Gefahrzeichen je nach eigenem pflichtgemäßem Ermessen frei wählen, sie benötigen für ihre Wahl lediglich eine plausible Erklärung. Je größer jedoch die Entfernung zwischen Gefahrzeichen und Gefahrenstelle ist, desto eher wird ein Fahrzeugführer in seiner (wenn überhaupt) erhöhten Aufmerksamkeit wieder nachlassen, bis er die Gefahrenstelle erreicht hat.

Grundsätzlich wird man mit den Hinweisen für die Anbringung von Verkehrszeichen (HAV) sagen müssen, dass der Aufstellort der Gefahrzeichen davon abhängt, ob Fahrzeuge im Verlauf der Gefahrenstrecke anhalten müssen oder ihre Geschwindigkeit lediglich herabsetzen sollen.[19]

Für Autobahnen wird der Abstand zwischen Gefahrzeichen und Gefahrenstelle systemwidrig in der VwV-StVO zu den Zeichen 330, 332 bis 334 und 448 bis 453 unter II. 1. und 3 geregelt. Danach sind Gefahrzeichen auf Autobahnen „i.d.R. beiderseits der Fahrbahn aufzustellen", wobei ebenfalls „i.d.R." der Abstand zwischen den Gefahrzeichen und der Gefahrenstelle 400 m betragen soll. Nach derselben Vorschrift ist es in das Ermessen der für Autobahnen zuständigen Verkehrsbehörden gestellt, „an besonders gefährlichen Stellen" einen Gefahrentrichter anzuordnen, der aus wiederholten Gefahrzeichen i.V.m. obligatorisch hinzugefügten Zusatzzeichen 1004 besteht.

Im Gegensatz zu den Aufstellungsorten für Gefahrzeichen außerhalb geschlossener Ortschaften schreibt diese Regel für die Aufstellorte innerhalb geschlossener Ortschaften einen Abstand „kurz vor der Gefahrenstelle" vor. Offen bleibt zunächst einmal, wie der Begriff „kurz" in Metern umgesetzt werden soll und relativiert wird diese unbestimmte Entfernungsangabe noch dadurch, dass sie nur „im Allgemeinen" gilt, also nicht für besonders gelagerte Fälle. Eine nähere Erklärung für die Entfernungsangabe „kurz" gibt die VwV-StVO zu § 40 unter I. S. 2. Dort wird für innerörtliche Straßen „mit erheblichem Fahrverkehr" (i.d.R. Hauptverkehrswege) die Empfehlung abgegeben, in den Fällen ein Zusatzschild mit Entfernungsangabe anzubringen, wenn der Abstand zwischen Verkehrsschild und Gefahrenstelle „weniger als 30 oder mehr als 50 m" beträgt. Im Umkehrschluss ist ein Zusatzschild also entbehrlich, wenn der Abstand zwischen Verkehrsschild und Gefahrenstelle 30 bis 50 m beträgt, womit wohl der Regelabstand zwischen Gefahrzeichen und Gefahrenstelle in wenig klarem Wortlaut der Vorschriften nur indirekt und damit für Verkehrsteilnehmer und Mitarbeiter von Verkehrsbehörden nur umständlich erschlossen werden kann.

Die Angabe der Gesamtlänge der Gefahrenstrecke kann für den Verkehrsteilnehmer eine wichtige Information darstellen, mit seiner Aufmerksamkeit für die mittels des Zeichens beschriebene Art der Gefahr (z.B. Z. 136 Kinder) nicht nachzulassen, sondern in einem reaktiven Spannungszustand zu verbleiben.

In einigen Fällen besteht eine Gefahrenstelle direkt nach einer Einmündung in eine andere Straße. Wenn die Gefahrenstelle auf der einmündenden Straße angekündigt wird, in der diese nicht besteht, ist es sinnvoll, die Abbiegenden auf die nach dem Vorgang des Abbiegens auftauchende Gefahrenstelle z.B. mittels Zz. 1000-11 rechtzeitig hinzuweisen. Somit kann unliebsamen Überraschungen im Verlauf einer Fahrt rechtzeitig vorgebeugt werden. Aus diesen Gründen besteht für solche Fälle auf der Grundlage des Abs. 5 für die Straßenverkehrsbehörde eine zwingende Verpflichtung, mit dem Gefahrenzeichen auch gleichzeitig das entsprechende Zusatzzeichen anzuordnen.

Nach Auffassung des *OLG Karlsruhe* sollen Gefahrenschilder im Allgemeinen gemäß in einer Entfernung von 150 bis 250 m vor einer Gefahrenstelle aufgestellt werden und wenn sich die Beschaffenheit der Straßenstrecke nicht ändert, besteht keine zusätzliche Pflicht, im Zusatzschild mit einem Hinweis auf die Länge der Gefahrenstrecke oder gar weitere Warnschilder anzubringen.[20] Diese Auffassung ist jedoch als zu allgemeine Sicht abzulehnen, weil sie der im Einzelfall notwendigen Beschilderung in ihrer Pauschalität nicht gerecht wird.

3. Kombinationen von Gefahrzeichen mit anderen Verkehrszeichen

Gefahrzeichen werden entgegen der oben genannten Grundregel dennoch häufig mit anderen Zeichen des Verkehrszeichenkataloges (VzKat)[21] kombiniert (VwV-StVO zu den §§ 39–43 unter Nr. 11a) aa). Dies gestattet schon die als Ausnahme gedachte Vorschrift der VwV-StVO zu § 40 unter I., wenn dort im zweiten Satz formuliert wird: *„Nur wenn sie als Warnung oder Aufforderung zur eigenverantwortlichen Anpassung des Fahrverhaltens nicht ausreichen, sollte stattdessen oder bei unabweisbarem Bedarf ergänzend mit Vorschriftzeichen (insbesondere Zeichen 274, 276) auf eine der Gefahrsituation angepasste Fahrweise hingewirkt werden."*

---

[19] *Bald*, Hinweise für das Anbringen von Verkehrszeichen und Verkehrseinrichtungen (HAV) – Verkehrstechnischer Kommentar, 12. Aufl., Bonn 2003, S. 75.
[20] *OLG Karlsruhe*, Urt. v. 2.3.1994 - 1 U 212/93, juris.
[21] Der VzKat ist allgemein zugänglich unter: http://www.verwaltungsvorschriften-im-internet.de/BMVBW-S32-0001-KF07-BS-A001.htm.

Die von Fall zu Fall ausnahmsweise erlaubte Kombinationsmöglichkeit soll nach der Absicht des Verordnungsgebers auf der Grundlage der nachfolgend dargestellten Regeln erfolgen, die aus der StVO selbst und aus der VwV-StVO entnommen sind. Insoweit wird jedoch die Grundregel durch diese zahlreichen speziellen Regelungen stark eingeschränkt und bietet ein Beispiel für die Inkonsequenz des Regelungswerkes der VwV-StVO.

Es wird demnach in das Ermessen der Straßenverkehrsbehörde gestellt, ein Gefahrzeichen dann mit einem Verkehrsverbot oder Streckenverbot zu kombinieren, wenn das Gefahrzeichen vor genau der Gefahr warnen soll, um derentwillen das Verbot angeordnet worden ist (VwV-StVO zu §§ 39 bis 43 unter III. 11. a) aa), auch zum Folgenden). Diese Kombinationen werden deswegen für zweckmäßig gehalten, weil die dahinterstehende Anordnungssystematik für den Verkehrsteilnehmer transparent und damit leichter verständlich wird. Im Idealfall steigt damit die Akzeptanz der behördlich gewollten Regelung und damit auch die Normentreue, so dass Unfallrisiken auf diese Weise eher gemildert werden können.

Geht man davon aus, dass es sich bei den Regelungen in der StVO sowie in der VwV-StVO um einen abschließenden Katalog der Grundlagen für die Anordnung von Verkehrszeichen handelt, dürfen Gefahrzeichen demnach, wenn überhaupt, nur mit Verkehrsverboten und Streckenverboten kombiniert werden und nicht mit anderen Verkehrszeichen.

Dadurch, dass diese Kombinationsvorgaben teils in der StVO, teils in der VwV-StVO zu finden sind, ist das Auffinden dieser Vorschriften z. B. schon für Anwälte und Sachbearbeiter in den Verkehrsbehörden unübersichtlich, für die am Regelungskatalog interessierten Bürger und Gruppen gar überhaupt nicht nachvollziehbar. Diese Unsicherheit führt oft zu einem Verzicht auf sinnvolle Kombinationen. Auch die Vielfalt im Wortlaut des Verbindlichkeitsgrades ist nicht dazu geeignet, eine klare Linie in der Kombination von Gefahrzeichen mit Zusatzzeichen aufzuzeigen. Zusatzzeichen sind in folgenden typischen Fällen bei Gefahrzeichen zu finden:

- Mitteilung der Entfernung bis zur Gefahrenstelle,
- Mitteilung über die längenmäßige Ausdehnung der Gefahrenstelle,
- Mitteilung über Besonderheiten der Gefahrenstelle.

Eine generelle Pflicht zum Aufstellen von Zusatzschildern, um auf spezifische Gefahren aufmerksam zu machen, besteht nicht, solange die konkrete Gefahrenquelle z. B. typischerweise an Baustellen anzutreffen ist.[22]

Gefahrzeichen in Kombination mit einer wegweisenden Beschilderung sind nach Auffassung des *OLG Jena* dazu geeignet, Verkehrsteilnehmer (in diesem Fall einen Radfahrer) zu verwirren und können im Extremfall zu einer Schuldminderung oder gar einem Ausschluss der Schuld eines derart verwirrten Fahrzeugführers für einen Verkehrsunfall führen.[23] Im konkreten Fall war eine Schilderkombination aus dem Gefahrenzeichen nach § 40 Abs. 6 StVO a.F., Zeichen 138 „Radfahrer kreuzen" und dem darunter angebrachten Hinweiszeichen „W-radwanderweg" mit einem grünen Fahrradsymbol sowie einem Pfeil nach links auf weißem Grund ca. 50 m vor Beginn des Weges nicht StVO-gerecht. Verkehrseinrichtungen müssen nach dieser richtigen Ansicht so gestaltet sein, dass sie für einen Verkehrsteilnehmer mit durchschnittlicher Aufmerksamkeit durch einen beiläufigen Blick deutlich erkennbar sind und eine möglichst gefahrlose Abwicklung des Verkehrs ermöglichen; sie dürfen dabei – auch in Schilderkombinationen – weder irreführend noch undeutlich sein. Vielmehr müssen Verkehrszeichen deshalb so angebracht und – bei Schilderkombinationen – gestaltet sein, dass auch ein ortsunkundiger Verkehrsteilnehmer Sinn- und Tragweite der getroffenen Regelung ohne Weiteres erkennen kann, ohne nähere Überlegungen hierüber anstellen zu müssen.

Das *Sächsische Oberverwaltungsgericht* entschied über eine mögliche Kombination einer Ortstafel (Zeichen 310) mit Gefahrzeichen in einem unmittelbaren örtlichen Zusammenhang und führte dazu aus: „Ob Unfall- und Rückstaugefahren auch durch Zeichen 101 (Gefahrstelle) und 105 (Doppelkurve) gemäß StVO § 40 Abs. 6 (entspricht StVO, Fassung 2009-09-01, § 40 Abs. 6 i. V. m. Anlage 1 Abschnitt 1 lfd. Nrn. 1 und 4) sowie gemäß § 39 durch das Zusatzzeichen 1006-38 (Hinweis auf Rückstaugefahr) angezeigt werden können und ob derartige Gefahren typisch für eine geschlossene Ortschaft sind oder

---

[22] *Saarländisches Oberlandesgericht Saarbrücken*, Urt. v. 27.10.2009 - 4 U 96/09 - 26, 4 U 96/09, juris.
[23] *Thüringer Oberlandesgericht*, Beschl. v. 6.5.2010 - 1 Ss 20/10, juris, auch zum Folgenden.

nicht, ist für die Rechtmäßigkeit der Aufstellung einer Ortstafel unerheblich, solange die genannten Gefahren tatsächlich in einer geschlossenen Ortschaft gegeben sind."[24]

4. Mobile Gefahrzeichen

Liegt eine akute Gefahrenlage im Verkehrsraum vor, ist es von straßenverkehrsbehördlicher Seite her oft unumgänglich, sofort zu reagieren, will man sich nicht dem Vorwurf einer Amtspflichtverletzung durch Unterlassen aussetzen. Aus diesem Grund ist es in vielen Fällen notwendig, zunächst mittels des Anordnens und Aufstellens eines mobilen Gefahrzeichens zu reagieren, um dann später ggf. zu einer stationären Beschilderung überzugehen, wenn die Gefahrenstelle sich als dauerhafter Zustand erweist.

Wenn in diesen Fällen also zunächst Eilbedürftigkeit vorliegt, so müssen die Prioritäten in den beteiligten Dienststellen neu gesetzt werden. In derartigen Fällen gilt, wenn keine anderen Gefahrzeichen greifbar sind, die Auffangregelung aus VwV-StVO zu Zeichen 101, wonach das Zeichen Gefahrenstelle in Notfällen anstatt des eigentlich besser passenden Gefahrzeichens als probate Zwischenlösung vorübergehend aufgestellt werden kann (VwV-StVO zu Zeichen 101 unter I.). In solchen Fällen der Eilbedürftigkeit dürfen auch die Straßenbaubehörden auch auf Grund einer eigenen Eilzuständigkeit gem. § 45 Abs. 3 S. 3 in den Fällen Gefahrzeichen anbringen, „wenn die Sicherheit des Verkehrs durch den Zustand der Straße gefährdet wird". Dies dürfte regelmäßig in den Wintermonaten der Fall sein, wenn der Frost durch Aufbrüche in der Fahrbahndecke zu erheblichen Straßenschäden geführt hat.

Weitere Fälle der Wahrnehmung der Eilzuständigkeit entstehen z.B. bei Ölspuren auf der Straße, die über eine längere Strecke verlaufen und zeitlich aufwändig abgestreut und neutralisiert werden müssen.

Das *OLG München* entschied unlängst über einen Fall, bei dem ein mobil aufgestelltes Gefahrzeichen von Dritten manipuliert worden war: *„Wenn ein Fahrzeugführer im Bereich einer Ölspur auf der Fahrbahn mit einem Metallständer kollidiert, an dem die ursprünglich vorhandenen Warnschilder „VZ 114 Schleudergefahr" sowie das Zusatzschild „Ölspur" nicht mehr befestigt waren und der sich auf der rechten Fahrbahnhälfte befand, haftet der Verkehrssicherungspflichtige (hier: der Freistaat Bayern) nicht für den Unfall. Es ist hier festzustellen, dass der Verkehrssicherungspflichtige die Gefahrenstelle ursprünglich ordnungsgemäß abgesichert hat, weil er zusätzlich zu dem Metallständer in 200 m vor der Ölspur einen gleichartigen Ständer mit den gleichen Warnschildern aufgestellt und den Metallständer mit den Warnschildern, an dem es zur Kollision kam, zeitnah zum streitgegenständlichen Unfall überprüft hat. Der Verkehrssicherungspflichtige muss nicht dafür einstehen, dass Dritte pflichtwidrig Sicherungseinrichtungen im Straßenverkehr umstellen und damit gefährdend in den Straßenverkehr eingreifen."[25]

---

[24] *Sächsisches Oberverwaltungsgericht*, Beschl. v. 4.6.2010 - 3 A 295/08, juris.
[25] *OLG München*, Beschl. v. 14.1.2011 - 1 U 4434/10, juris.

V.   § 40 Abs. 6 – Die Gefahrzeichen im Einzelnen

1.   Das Zeichen 101 Gefahrstelle

Das allgemeine Zeichen für eine Gefahrenstelle darf von der Straßenverkehrsbehörde nur dann angeordnet werden, wenn der Katalog der Gefahrzeichen aus § 40 für die betreffende Verkehrssituation kein spezielleres Gefahrzeichen vorsieht.[27] Diese Anordnungsregel folgt dem Grundsatz der Gefahrenspezialität aus VwV-StVO zu Z. 101 Gefahrstelle unter I. S. 1. Von ihm darf nur in den Fällen abgewichen werden, wenn aus einer zeitlichen oder sachlichen Notsituation heraus kein spezielleres Zeichen zur Verfügung steht und die Verkehrsteilnehmer dennoch gewarnt werden müssen.

Probleme können in den Fällen entstehen, in denen von den Verkehrsbehörden – aus welchen Gründen auch immer – trotz in ihrem Bestand vorhandener speziellerer Gefahrzeichen vom Betriebspersonal auf Zeichen 101 zurückgegriffen wird und es deshalb zum Schadensfall kommt, weil der Geschädigte nicht auf eine speziellere Weise vorgewarnt wurde. Kann in diesen theoretisch denkbaren Fällen der Verstoß gegen die Spezialitätsregel bewiesen werden, liegt möglicherweise der Verdacht auf eine Amtspflichtverletzung gem. § 839 BGB i.V.m. Art. 34 GG auf Seiten des Trägers der Anordnungsbehörde vor. Dem Verkehrsteilnehmer ließe sich dennoch vorwerfen, er habe auch auf Zeichen 101 mit der gebotenen Sorgfalt auf Gefahren vorbereitet sein und entsprechend reagieren müssen.

Im Verlauf mancher Straße kommt es bei der Begegnung mit entgegenkommenden Fahrzeugen gerade in engen Kurven zu dem Fahrverhalten, dass die Fahrbahn bis an die Grenze des Fahrbahnrandes ausgenutzt wird. Im Regelfall können Fahrzeugführer dabei entlang der von ihnen befahrenen Straßen von einem Fahrbahnrand ausgehen, dessen bauliche Qualität keine Risiken für den Fahrverkehr aufwirft und kurzzeitig auch einmal mit dem Räderpaar der rechten Fahrzeugseite befahren werden kann. Besteht jedoch eine deutliche straßenbauliche Differenz zwischen einem guten Fahrbahnbelag und einer schlechten Seitenbefestigung, so muss auf dieses Leistungsgefälle in den Fällen zwingend mittels Zusatzzeichen 1052-38 hingewiesen werden, wenn der schadhafte Rand schlecht erkennbar ist und bei erheblichen Geschwindigkeiten gefährlich werden kann (VwV-StVO zu Z. 101 Gefahrstelle unter III.). Gefahrensituationen können daraus resultieren, dass Fahrzeuge, die nicht mit ESP ausgestattet sind, ins Schleudern geraten und deren Fahrzeugführer die Gewalt über ihr Fahrzeug verlieren.

Das Gefahrenpotenzial ist auf den vielen Straßen nochmals erhöht, die regelmäßig vom Schwerlastverkehr als Ausweichrouten genutzt werden. Auf diesen Straßen befinden sich die Straßenränder oft in einem schlechten baulichen Zustand.
Sämtliche staatlichen Verkehrsbehörden (Straßenverkehrsbehörde, Straßenbaubehörde und Polizei) haben die Aufgabe, ihr gesamtes Straßennetz in regelmäßigen Zeitabständen – insbesondere während

---

[26] Sämtliche hier dargestellten Verkehrszeichen stammen aus der Sammlung der Verkehrszeichen des Deutschen Verkehrssicherheitsrates (DVR), unter:
https://www.dvr.de/publikationen/downloads/verkehrszeichen.html.
[27] *Bald* HAV, 78.

der in zweijährigem Abstand durchgeführten gründlichen Verkehrsschauen – auf etwaige Leistungsgefälle hin zu überprüfen. Wird in diesen Fällen ein Leistungsgefälle festgestellt und weder bauliche Maßnahmen ergriffen noch Z. 101 mit Zusatzzeichen 1052-38 angeordnet und aufgestellt, liegt eine verkehrsbehördliche Pflichtverletzung vor. In Eilfällen müssen die Verkehrsbehörden sofort tätig werden, um ihrer Verkehrssicherungspflicht zu genügen. Eine ausreichende generelle Kontrolle eines Streckenabschnitts auf einer Landstraße ist i.d.R. nachgewiesen, wenn ein verkehrssicherungspflichtiges Land darlegt und beweist, dass regelmäßig (z.b. wöchentlich) Kontrollfahrten durchgeführt wurden.[28]

Kraftfahrzeugführer müssen angesichts des Zeichens 101 insbesondere deswegen ihre Aufmerksamkeit anspannen, weil sie nicht genau wissen können welche Art von Gefahr ihnen im weiteren Verlauf der Fahrstrecke begegnet. Eine weitere Beschleunigung widerspricht dem Inhalt von Zeichen 101 ebenso wie z.b. eine Ablenkung der Aufmerksamkeit, die beide gerade in diesen Fällen gefahrenerhöhend wirken können.

Nach einer Entscheidung des *OLG Nürnberg* haftet das verkehrssicherungspflichtige Bundesland für Schäden am Fahrzeug eines Pkw-Fahrers zu $^3/_4$, wenn zwar auf einer Bundesautobahn Schlaglöcher im Baustellenbereich mit einer Tiefe von 10 cm und einer Fläche von 60 × 40 cm lediglich mit Kaltmischgut aufgefüllt und eine Geschwindigkeitsbeschränkung auf 60 km/h ausgeschildert wurde, aber keine Auffüllung mit Heißmischgut oder Warnung durch Zeichen 101 der StVO mit zusätzlichem Hinweis auf Schlaglöcher erfolgte.[29] In diesen Fällen muss sich ein Pkw-Fahrer allerdings die von seinem Fahrzeug ausgehende Betriebsgefahr anrechnen lassen und haftet in den Fällen, wenn ein durchschnittlich sorgfältiger, besonders aufmerksamer Fahrer ebenfalls die Schlaglöcher bei Dunkelheit nicht hätte erkennen können. Hat allerdings der Träger der Straßenbaulast vor einem Straßenabschnitt, auf dem nach Reparaturarbeiten Rollsplitt aufgebracht ist, das Gefahrzeichen 101 mit dem Zusatzschild „Rollsplitt" aufgestellt, ist er nach einer Entscheidung des *OLG Koblenz* seiner Verkehrssicherungspflicht in ausreichendem Maße nachgekommen.[30]

2. Das Zeichen 102 Kreuzung oder Einmündung mit Vorfahrt von rechts

Nach der zwingenden Regelung aus VwV-StVO zu Z. 102 dürfen diese Zeichen nicht an allen Kreuzungen oder Einmündungen mit Vorfahrt von rechts aufgestellt werden. Die Orte im Verkehrsraum, an denen Verkehrsteilnehmer das Zeichen 102 erwarten dürfen, sind beschränkt auf „schwer erkennbare Kreuzungen und Einmündungen".

In dieser Einschränkung ist ein Prüfungsauftrag der Verkehrsbehörden zu erkennen, der die beteiligten Behörden dazu verpflichtet, alle Kreuzungen und Einmündungen mit Vorfahrt von rechts in die beiden Gruppen „leicht erkennbar" und „schwer erkennbar" zu unterteilen. Das Anlegen eines entsprechenden Kreuzungskatasters, welches in größeren zeitlichen Abständen gepflegt werden sollte, ist ratsam.

---

[28] *OLG Karlsruhe*, Urt. v. 02.03.1994 - 1 U 212/93, juris.
[29] Urt. v. 8.2.1995 - 4 U 3697/94, juris.
[30] Urt. v. 24.3.1997 - 12 U 375/96, juris.

Kommt es an einer Stelle mit Vorfahrtsregelung Rechts-vor-links zu einem Verkehrsunfall, muss also zunächst einmal geprüft werden, ob das Zeichen 102 aufgestellt wurde, falls nicht, ob es hätte aufgestellt werden müssen.

Der Grad der Erkennbarkeit der Regelungssituation an Kreuzungen oder Einmündungen richtet sich jeweils nach den räumlichen Gegebenheiten an diesen Örtlichkeiten. Handelt es sich um regelmäßig veränderbare Widrigkeiten (wie z.B. wild wuchernde Vegetation) so muss vor einer entsprechenden Anordnung von Zeichen 102 zunächst geprüft werden, ob nicht zunächst die jeweils verantwortlichen Personen herangezogen werden, um mittels Zurückschneiden des störenden Bewuchses der Bäume und Sträucher die bessere Erkennbarkeit hergestellt werden kann. Sind diese Gegebenheiten jedoch unveränderbar (wie z.B. grundsätzlich die vorhandene Bebauung) spricht diese Tatsache eher für das Anordnen von Zeichen 102.

Der zweite Grundsatz der VwV-StVO zu Z. 102, wonach innerhalb geschlossener Ortschaften das Zeichen im Allgemeinen entbehrlich ist, kann in dieser Klarheit nicht recht nachvollzogen werden, da es gerade in Städten und Gemeinden oft eine dichte, zuweilen bis nahe an den Fahrbahnrand herangerückte Bebauung die Sichtverhältnisse für den Fahrverkehr erheblich erschwert und für eine schlechte Erkennbarkeit von Verkehrssituationen sorgt.

Eine gute Erkennbarkeit der Verkehrsverhältnisse an Kreuzungen und Einmündungen von rechts ist deshalb für die Verkehrssicherheit so wichtig, weil der wartepflichtige Verkehr nur dann seiner aus den Regelungen des § 8 folgenden Verpflichtung korrekt nachkommen kann, wenn der vorfahrtsberechtigte Verkehr rechtzeitig erkannt und daraufhin richtig reagiert werden kann. Oft scheitert eine normgerechte Vorfahrtgewährung für diejenigen, die von rechts kommen, an diesen Punkten an der späten Erkennbarkeit des bevorrechtigten Verkehrsteilnehmers, die allerdings in nicht seltenen Fällen mit einer zu hohen Geschwindigkeit des potenziell wartepflichtigen Verkehrsteilnehmers einhergeht. Fahrzeugführer müssen gerade an diesen Orten neben der aus Zeichen 102 resultierenden erhöhten Bremsbereitschaft den Grundsatz des vorausschauenden Fahrens aus § 1 Abs. 1 beherzigen und damit rechnen, dass aus der bevorrechtigten Richtung auch tatsächlich Fahrzeugführer kommen, denen die Vorfahrt gewährt werden muss.

Wenn die Wartepflicht an einer Kreuzung durch das auf dem Feldweg markant wirkende und dort auch wegen der Sichtbehinderung aufgestellte Verkehrszeichen 102 unterstrichen wurde und ein Fahrzeugführer gegen eine aus mehreren Gründen aktualisierte Wartepflicht verstoßen hat, so liegt ihm gegenüber ein qualifizierter Verschuldensvorwurf vor.[31]

3.   Die Zeichen 103 und 105 Kurve

Das Befahren einer Kurve ist für Kraftfahrzeugführer zwar eine Routinehandlung, bereitet jedoch Fahranfängern zu Beginn ihrer Fahrpraxis nicht selten Schwierigkeiten. Dabei ist es gerade aus dem Gesichtspunkt des praxisnahen Erlernens der Gesetze der Fahrphysik besonders wichtig, die an die

---

[31] *OLG Koblenz*, Urt. v. 29.8.2005 - 12 U 422/04, juris.

Gegebenheiten der jeweiligen Kurve angepasste Geschwindigkeit herauszufinden und nicht zu überschreiten.

Ist eine Kurve in der zu wählenden Geschwindigkeit auf den ersten Blick nicht ohne weiteres berechenbar, so liegt es nahe, die Fahrzeugführer vor dieser Kurve mittels Zeichen 103 in den beiden möglichen Formen „Kurve rechts" oder „Kurve links" zu warnen. Angesprochen werden durch die anzuordnenden Zeichen in erster Linie die nicht ortskundigen Fahrer (= personeller Schutzbereich), die sich mit der konkreten Kurve zum ersten Mal fahrerisch auseinandersetzen müssen.

Für die Straßenverkehrsbehörde verdichtet sich diese nahe liegende Möglichkeit der Beschilderung in den Fällen gefährlicher Kurven (VwV-StVO zu den Zeichen 103 und 105 unter III.). Eine Straßenverkehrsbehörde verletzt nach Auffassung des *OLG Köln* sogar schuldhaft ihre Amtspflicht, wenn sie eine besonders gefährliche Linkskurve lediglich mit einer schmalen Richtungstafel kennzeichnet, anstatt zusätzlich zu den Richtungstafeln das StVO Zeichen 103 aufstellen zu lassen.[32] Verunglückt in einem solchen Fall ein Kraftfahrer wegen mangelnder Kennzeichnung der gefährlichen Kurve, so trifft ihn kein Mitverschulden, sondern er muss sich lediglich die Betriebsgefahr seines Fahrzeuges zu einem Viertel anrechnen lassen.

Als „gefährlich" wird eine Kurve immer dann definiert, wenn ein Fahrer bei Annäherung an eine Kurve deren weiteren Verlauf nicht rechtzeitig erkennen kann und daher Probleme mit der angepasst zu wählenden Geschwindigkeit bekommen kann. Die sehr ausführliche VwV wird dem Rang dieser Regelung im Rahmen der Sicherheitsbetrachtung deswegen gerecht, weil Kraftfahrzeugführer nicht selten wegen nicht angepasst gewählter Geschwindigkeiten wegen der auf die Fahrzeugmasse einwirkenden hohen Fliehkräfte aus einer Kurve getragen werden und aus diesem Grund vor einer zu riskanten Fahrweise gewarnt werden müssen.

Eine Verpflichtung zur Anordnung von Zeichen 103 wird den Straßenverkehrsbehörden für die Fälle auferlegt, in denen zwischen der vor der Kurve möglichen Geschwindigkeit und der möglichen Kurvengeschwindigkeit ein erheblicher Unterschied besteht. Tatsächlich können diese Unterschiede in der Form einer sich ergebenden Geschwindigkeitsdifferenz nur dann festgestellt werden, wenn die Straßenverkehrsbehörde amtliche oder amtlich angeordnete Fahrversuche vornimmt, um die Unterschiede zu messen und zu dokumentieren. Eine theoretisch ebenfalls mögliche Berechnung des Geschwindigkeitsgefälles auf der Grundlage der errechneten Kurvengrenzgeschwindigkeit sollte dennoch in der Praxis ausgetestet werden, um einer Beweisnot im Rahmen späterer möglicher Gerichtsverfahren vorzubeugen.

Bei besonders gefährlichen Kurven empfiehlt sich im Sinne einer verstärkten Visualisierung des Problems die zusätzliche Beschilderung mit einer entsprechenden Richtungstafel gem. § 43 Abs. 3 Nr. 3 Zeichen 625. Als wahlweise Möglichkeit der Straßenverkehrsbehörde wird diese Verfahrensweise verbindlich vorgeschrieben durch VwV-StVO zu den Zeichen103 und 105 unter III. S. 1 i.V.m. Nr. 3.

Handelt es sich um eine Ortsdurchfahrt, bei der in einer Kurve, wegen Nässe und Schmutz Schleudergefahr besteht, genügt die verkehrssicherungspflichtige Behörde ihrer Verpflichtung, geeignete Sicherungsmaßnahmen zu treffen, durch Aufstellen der Gefahrenzeichen 103 und 114.[33]

Nicht selten ist jedoch die nachlässige Beschilderungspraxis zu beobachten, dass erst nach einer Reihe von Verkehrsunfällen erst kleinere Richtungstafeln, dann mittelgroße und erst nach vielen Unfällen übergroße Richtungstafeln eingesetzt werden. Diesen Beschilderungsdefiziten sollte i.S. einer sensibleren Gefahrenabwehr rechtzeitig durch eine der Größe nach angepasste Anordnung von Richtungstafeln vorgebeugt werden.

Im Sinne einer an die konkreten Verkehrsverhältnisse angepassten Fahrweise sollten sich Kraftfahrzeugführer auf mittels Zeichen 103 oder 105 gekennzeichneten kurvenreichen Strecken besonders streng an das Rechtsfahrgebot gem. § 2 Abs. 2 halten und keineswegs in den Grenzbereich der höchstmöglichen Geschwindigkeit geraten. Eine derartige offensive bzw. risikoreiche Fahrweise ist weder mit den Inhalten der beiden genannten Gefahrzeichen, noch mit dem aus § 1 Abs. 1 folgenden Grundsatz des defensiven Fahrens vereinbar.

---

[32] Urt. v. 27.11.1978 - 7 U 51/78, juris, auch zum Folgenden.
[33] *OLG Bamberg*, Urt. v. 8.7.1980 - 5 U 61/80, juris.

Bei zwei oder mehreren aufeinander folgenden Kurven besteht für die Kraftfahrzeugführer die Notwendigkeit, sich auf die notwendigerweise eintretenden Lastwechselreaktionen ihrer Kfz einzustellen und eine entsprechende Fahrweise zu wählen.

Diese Verkehrssituationen begegnen insbesondere im Bereich von Mittelgebirgen und potenzieren die dort bereits auf Grund von Gefäll- und Steigungsstrecken bestehende Problematik in der Streckenführung und dem Fahrzeughandling. Eine konsequente Beschilderungspraxis mittels Zeichen105 muss gerade in den Regionen erfolgen, die erfahrungsgemäß von zahlreichen nicht ortskundigen Touristen befahren werden, da diese im Rahmen ihrer notwendigen Umstellung der Fahrpraxis zuweilen dazu neigen, die Gesetzmäßigkeiten insbesondere von eng aufeinander folgenden Kurven in Gefällstrecken zu unterschätzen. Ein besonders gefährliches Fahrverhalten ist in den Mittelgebirgsregionen bei vielen Fahrern von Krafträdern zu beobachten, die insbesondere die Serpentinenstrecken für z.T. waghalsige Kurvenfahrten und Beschleunigungsmanöver nutzen. Dieser im Sinne einer möglichen Konfrontation mit dem wesentlich ruhigeren Ausflugsverkehr gefährlichen Fahrpraxis kann von Seiten der Polizei durch punktuelle mobile Geschwindigkeitsmessung mittels Laserpistole mit zwingend nachfolgender Anhaltekontrolle wirksam begegnet werden.

Auf der Grundlage der VwV-StVO zu den Zeichen103 und 105 unter III. Nr. 4 genügt daher eine Beschilderung mit Zeichen 103 nicht mehr, sondern es muss die speziellere Beschilderung mit Zeichen 105 gewählt werden. Daneben wird es durch dieselbe Vorschrift in das Ermessen der Straßenverkehrsbehörde gestellt, soweit sachlich erforderlich zusätzliche Richtungstafeln anbringen zu lassen.

4.   Die Zeichen 108 Gefälle und 110 Steigung

Können Verkehrsteilnehmer eine Steigung oder eine Gefällstrecke im Verlauf ihres Fahrweges nicht rechtzeitig erkennen, so sollen Straßenverkehrsbehörden diesen von der ebenen Norm abweichenden Straßenverlauf mittels Zeichen 108 oder 110 kenntlich machen (VwV-StVO zu Zeichen 108 und 110 unter III.). Diese Soll-Vorschrift, von der nach allgemeinem Verwaltungsrecht nur unter außergewöhnlichen Umständen abgewichen werden darf, gilt ebenfalls in den Fällen, in denen die Verkehrsteilnehmer den Grad des kommenden Gefälles bzw. der kommenden Steigung nicht richtig einschätzen können. Damit sich die Autofahrer in der von ihnen zu wählenden Fahrweise adäquat einstellen können ist es als Regelfall ausgestaltet, mittels Zusatzzeichen 1101-30 oder 1001-31 die Länge der Gefahrstrecke ebenfalls anzugeben.

Diese Regeln gelten insbesondere für diejenigen Strecken, auf denen sich erfahrungsgemäß viele nicht ortskundige Kraftfahrzeugführer bewegen.

Das Verhalten von Kraftfahrzeugführern muss auf den Strecken, die mittels Zeichen 108 bzw. 110 gekennzeichnet sind insbesondere auf die korrekte Wahl des Fahrganges achten und in Gefällstrecken mit einem angepassten Fahrstil aus dem richtigen Gebrauch von Motorbremse und Fußbremse reagieren.

Erfahrungsgemäß gibt es insbesondere an starken Steigungen besondere Probleme mit langsameren Fahrzeugen wie Lkw und Gespannen, die eine starke Steigung lediglich in einem niedrigen Gang und demzufolge mit einer geringen Geschwindigkeit bewältigen können. Auch auf den Gefällstrecken müssen dieselben Fahrzeuge besonders langsam und in einem niedrigen Gang fahren, um ihre Bremsanlagen nicht über Gebühr zu beanspruchen.

Auch auf die Begegnung mit diesen langsamen Fahrzeugen muss sich der übrige Fahrverkehr bei den beiden Zeichen 108 und 110 einstellen und entsprechend bremsbereit insbesondere die im Verlauf der Gefäll- und Steigungsstrecke vorhandenen Kurven befahren.

5. Das Zeichen 112 Unebene Fahrbahn

Potenziell problematisch sind für den schnellen Fahrverkehr diejenigen Strecken, die allgemein gut ausgebaut sind und auf denen die zulässige Höchstgeschwindigkeit regelmäßig auch ausgefahren wird, wenn im Verlauf einer solchen Strecke charakteristische Fahrbahnmerkmale auftauchen, die nicht mit dem vorherigen Streckenabschnitt übereinstimmen, sondern negativ abweichen. So kann z.B. ausgangs des Winters ein tieferes Schlagloch auftauchen und Kraftfahrzeugführer könnten ohne entsprechende Vorwarnung sehr überrascht reagieren und eventuell mit waghalsigen Ausweichmanövern reagieren bzw. ohne Abzubremsen durch das Hindernis hindurch fahren. In beiden genannten Fällen verbirgt sich ein hohes konkretes Gefährdungspotenzial und ein potenzielles Unfallrisiko. Diesem wird die VwV-StVO zu Zeichen 112 unter I. gerecht, indem an den eben beschriebenen Straßen das Zeichen 112 angeordnet werden kann.

Auf ohnehin schlecht ausgebauten Straßen erübrigt sich das Aufstellen von Zeichen 112, weil eine unebene Fahrbahn für die Fahrzeugführer auch ohne besondere Hinweise auf die Fahrbahnqualität erkannt wird.

Dennoch begegnet die Regelung einigen sachlichen Bedenken, weil sie die Anordnung von Zeichen 112 lediglich an „sonst gut ausgebauten Straßen" zulässt und damit Spekulationen und Auslegungsproblemen hinsichtlich des Qualitätsmaßstabes für das Qualitätsmerkmal „gut ausgebaut" Tor und Tür öffnet. Besser wäre es, den zweiten Satz der Vorschrift schlicht zu streichen und es in das allgemeine pflichtgemäße Ermessen von Straßenverkehrsbehörden zu stellen, wo sie das Zeichen 112 anordnen wollen. Grundlage ist in jedem Fall, dass die Straßenverkehrsbehörde über die Straßenqualität in ihrem örtlichen Zuständigkeitsbereich ständig aktuell unterrichtet ist.

Das zusätzliche Anbringen eines Zusatzschildes mit einem so kurzen Abstand wie „z.B. 20 m" wie unter III. der VwV tatsächlich empfohlen, kann sehr kontraproduktiv wirken, weil durch derart kurze Abstände zur Gefahrenstelle, bei denen der Abstand zwischen dem Verkehrszeichen und der Gefahrenstelle nicht einmal für die Reaktionszeit ausreichend bemessen ist, hektische Brems- oder Ausweichmanöver quasi behördlich empfohlen werden.
Im Sinne eines verkehrssicheren Fahrstils ist es kontraproduktiv, wenn Kraftfahrzeugführer zumal bei herrschendem Gegenverkehr derart um vorhandene Schlaglöcher herumkurven, dass sie die Gegenfahrspur mitbenutzen. Das Zeichen 112 zwingt im Gegensatz dazu, bei Gegenverkehr eine

gerade Fahrspur beizubehalten und dem entsprechend vor Unebenheiten in der Fahrbahn die Geschwindigkeit so weit zu reduzieren, dass ein gefahrloses Passieren der gefährlichen Stelle möglich ist. Je nach Größe und Tiefe der Bodenwellen, Spurrinnen oder Schlaglöchern muss also die Fahrgeschwindigkeit schon im Sinne des eigenen Schutzes vor Beschädigungen an Fahrwerk, Bereifung, Felgen und Karosserie deutlich herabgesetzt werden.

Bei Gefahrenstellen, die durch Bauarbeiten entstehen wie z.b. Bodenwellen im Kreuzungsbereich zweier Straßen und die für jedermann erkennbar sind, genügt eine verkehrssicherungspflichtige Behörde ihrer Verkehrssicherungspflicht durch Aufstellen des Verkehrszeichens „Unebene Fahrbahn" gem. Zeichen 112.[34] Der mittels Zeichen 112 gegebene Hinweis gibt Fahrzeugführern die Möglichkeit, ihre Fahrweise der durch die Bauarbeiten bedingten Unebenheit der Fahrbahn anzupassen. Allerdings kann von den Verkehrsteilnehmern eine völlig gefahrlose Fahrbahn nicht erwartet werden. Fahrzeugführer haben sich schon gem. § 3 Abs. 1 den Straßenverhältnissen anzupassen und die Straße so hinzunehmen, wie sie erkennbar ist. Diese Prämisse gilt insbesondere für erkennbar noch unfertige im Ausbau befindliche Straßen. Aufgrund des Gefahrzeichens 112 muss ein Fahrzeugführer mit einer gefährlichen Unebenheit in der Fahrbahn rechnen und ist dazu verpflichtet, seine Fahrweise und Geschwindigkeit so einzurichten, dass er – ohne Schaden an seinem Fahrzeug zu erleiden – die Unebenheit passieren kann. In diesen Fällen muss er ebenfalls die besonderen Eigenschaften seines Fahrzeugs wie z.B. eine geringe Bodenfreiheit in Rechnung stellen.

Das Aufstellen des Verkehrszeichens 112 ohne weitere Angaben über Art und Ausmaß der „Unebenheit" stellt nach der Auffassung des *OLG Köln* keine ausreichende Warnung vor den Gefahren dar, die von einer Sinn unsachgemäßen Aufpflasterung ausgehen.[35] Der Träger der Straßenbaulast handelt in diesen Fällen amtspflichtwidrig, wenn bei der Herstellung der Straßenoberfläche die allgemein anerkannten Regeln zur Unfallverhütung nicht beachtet werden, indem zur Geschwindigkeitsreduzierung angebrachte Aufpflasterungen die in den Empfehlungen der Beratungsstelle für Schadenverhütung vorgesehene Maximalhöhe von 10 cm überschreiten.

Das *OLG Koblenz* hatte über einen Fall zu entscheiden, in dem Fräsarbeiten an der Fahrbahndecke auf circa 1 m Breite eine Vertiefung von bis zu 4,5 cm verursacht hatten und in dem ein mobiles Gefahrzeichen 112 ohne Angabe der Entfernung zwischen dem Standort und dem Beginn der Baustelle als Gefahrenhinweis aufgestellt wurde.[36] In diesem Fall genügte die Warnung mittels Zeichen 112, die ca. 190 m vor der Gefahrenstelle erfolgte und wobei zusätzlich nach weiteren 37 m eine Geschwindigkeitsbegrenzung aufgehoben wurde nicht den Anforderungen einer regelgerechten Verkehrssicherungspflicht. Das Gefahrzeichen 112 muss nach Auffassung des *OLG Koblenz* regelmäßig so dicht an der Baustelle aufgebaut werden, dass die Verkehrsteilnehmer es auf die vorhandene Gefahrenstelle beziehen können.

Kann ein sorgfältig fahrender Radfahrer auf einem Radweg die Gefährlichkeit einer Aufwölbung nicht rechtzeitig erkennen und sich in seinem Fahrverhalten darauf einrichten, muss der Verkehrssicherungspflichtige auf diese Gefahrenstelle zumindest durch das Aufstellen eines Gefahrzeichens hinweisen.[37] Bei einem solchen erheblichen Verstoß gegen die Verkehrssicherungspflicht infolge des unterlassenen Aufstellens von Warnschildern wegen Unebenheiten durch Asphaltaufbrüche auf einem Radweg kommt nach dieser Auffassung ein Mitverschulden eines gestürzten Radfahrers regelmäßig nicht in Betracht.
Ein Verkehrssicherungspflichtiger erfüllt seine Verkehrssicherungspflicht nicht schon dann, wenn er – anstatt die Schadensstelle auf zumutbare Weise zu beseitigen – in einer Entfernung von mehr als 400m zur Schadensstelle durch Aufstellen des Gefahrzeichens 101 in Verbindung mit dem Zusatzzeichen „Straßenschäden" vor dem Vorhandensein von Straßenschäden warnt.[38]

---

[34] *OLG Hamm*, Urt. v. 17.1.1977 - 3 U 166/76, juris, auch zum Folgenden.
[35] Urt. v. 2.4.1992 - 7 U 192/91, juris, auch zum Folgenden.
[36] Urt. v. 2.12.2002 - Az. 12 U 1027/01, juris, auch zum Folgenden.
[37] *Kammergericht Berlin*, Beschl. v. 16.7.2010 - 9 U 103/09, juris.
[38] *Saarländisches Oberlandesgericht Saarbrücken*, Urt. v. 3.11.2009 - 4 U 185/09 - 50, 4 U 185/09, juris.

6. Das Zeichen 114 Schleuder- oder Rutschgefahr bei Nässe oder Schmutz

Das Zeichen 114 soll unliebsamen Überraschungen für den Kraftfahrzeugführer vorbeugen, die dadurch entstehen können, dass er trotz eigener Sorgfalt eine mögliche Gefahrensituation durch die Ansammlung von Nässe oder Schmutz auf dem Fahrbahnbelag nicht oder erst zu spät erkennen kann.

Nach der verbindlichen Regelung in VwV-StVO zu Zeichen 114 unter I. ist das Zeichen ausschließlich nur für derartige Stellen im Verkehrsraum vorzusehen, an denen mit Überraschungseffekten für die Kraftfahrer zu rechnen ist. Dennoch lässt diese vage Umschreibung, die auf den unbestimmten Begriff einer „angemessenen Sorgfalt" der Verkehrsteilnehmer zurückgreift, der Straßenverkehrsbehörde einen gehörigen Handlungs- und Anordnungsspielraum.

Interessanter ist die zweite, ebenfalls unter I. für die Straßenverkehrsbehörden verbindlich gestaltete Handlungsanweisung, wonach außerhalb geschlossener Ortschaften beim Übergang von einem griffigen auf einen rutschgefährlichen Fahrbahnbelag durch Zeichen 114 gewarnt werden muss. Bei dieser zwingenden Anordnung handelt es sich regelmäßig um eine mögliche Sofortmaßnahme, die oft im Rahmen der Arbeit der örtlichen Unfallkommission getroffen wird, bis die notwendigen finanziellen Mittel für eine straßenbauliche Fehlerkorrektur vorhanden sind.

Es empfiehlt sich ferner aus der Natur der Sache, dass dort, wo die Gefahrzeichen zur Gefahrenabwehr nicht mehr genügen, neben diesen zusätzlich ein Streckenverbot mittels Zeichen 274 angeordnet wird (VwV-StVO zu den §§ 39 bis 43 unter III. 11. a) aa).

Mit einem 1,6 km vor der späteren Unfallstelle aufgestellten Gefahrenzeichen 114 (Schleuder- oder Rutschgefahr) genügt ein Bundesland seiner Verkehrssicherungspflicht nicht, weil nach der amtlichen Erläuterung mit dem Zeichen 114 allein vor infolge von Nässe und Schmutz auftretender Schleuder- und Rutschgefahr gewarnt wird. Mit einem Weichwerden der Fahrbahnoberfläche infolge sommerlicher Hitze muss der Verkehrsteilnehmer aufgrund dieses Gefahrenzeichens nicht rechnen.[39]

Gerade in ländlichen Bereichen müssen Kraftfahrzeugführer insbesondere in den Monaten März/April bzw. in den Erntemonaten darauf gefasst sein, dass die Straßen teilweise stark verschmutzt sind und bei nasser Witterung zu gefährlichen Rutschflächen werden, auf denen eine ausreichende Bodenhaftung besonders bei notwendigen Bremsvorgängen und Kurvendurchfahrten nicht mehr gewährleistet ist.

Auf Streckenabschnitten, die mit Zeichen 114 beschildert sind, kommt es dennoch häufig zu Verkehrsunfällen, weil Kraftfahrzeugführer die Gewalt über ihr Fahrzeug verlieren und unkontrolliert gegen Hindernisse schleudern. Unfallursache ist in diesen Unfällen regelmäßig eine an die Straßenverhältnisse nicht angepasst gewählte Geschwindigkeit, so dass von der Polizei regelmäßig eine Ordnungswidrigkeit gem. § 3 Abs. 1 StVO festzustellen sein wird, wenn die Polizei zur Unfallaufnahme bemüht wird.

---

[39] *OLG Hamm*, Urt. v. 11.9.2015 – I-11 U 86/13, juris.

Wie wichtig in diesen Fällen das genaue Vermessen einer Blockierspur ist, zeigt der vom Hanseatischen *OLG Hamburg* im Jahr 1979 entschiedene Fall.[40] Aus der vermessenen Blockierspur konnte mittels des Gutachtens eines später beauftragten Sachverständigen die ungefähre Ausgangsgeschwindigkeit errechnet werden, die im Rahmen der notwendigerweise anzustellenden Vermeidbarkeitsberechnung eine entscheidende Rolle für das Unfallgeschehen spielte. Die Probleme beim Rückschluss darauf, ob nun die Vorderräder oder die Hinterräder überhaupt oder zuerst blockiert haben trägt die Rechtsprechung dadurch Rechnung, dass in Zweifelsfällen der Abstand zwischen den Vorder- und Hinterrädern von der Länge der Blockierspur abgezogen wird.[41]

Für den betroffenen Unfallgegner ist es im Rahmen der fotografischen Dokumentation des Unfallgeschehens wichtig, die Position des Gefahrzeichens im Verhältnis zum Unfallort mittels übersichtlicher Aufnahmen aus passend gewählter Perspektive für die Beweisdokumentation plastisch darzustellen. Eine den Sachverhalt erhellende Fotodokumentation vermag in vielen Fällen einen guten Teil zur Klärung des Falles beizutragen und nicht zuletzt den entscheidenden Richter ins rechte Bild zu setzen.

Bereits im Rahmen der polizeilichen Unfallaufnahme müssen regelmäßig die Abstände zwischen den Gefahrzeichen und den verschiedenen relevanten Ereignispunkten genau vermessen werden. So interessieren insbesondere die Abstände zwischen dem Gefahrzeichen und den Punkten auf der Fahrbahn, an denen reagiert, mit dem Bremsen begonnen und der Bremsvorgang abgeschlossen wurde. Insbesondere sind diese Daten wichtig, wenn es zu Kollisionen zwischen Kfz und Fußgängern gekommen ist. Ebenso wichtig ist es, an den potenziell gefahrenträchtigen Orten, auf die mittels Gefahrzeichen hingewiesen worden ist, die Fahrbahnbreite und die Breite der beteiligten Kfz sowie die Laufrichtung der Fußgänger genau festzuhalten. Ist z.B. das Zeichen 136 Kinder am Straßenrand aufgestellt so sind die eben genannten Daten wichtig für die Zuordnung der Haftungsquoten zwischen einer Gesamtschuldnergemeinschaft aus Busfahrer, Halter des Busses und Haftpflichtversicherung auf der einen Seite und einem überfahrenen Kind auf der anderen Seite.[42]

Aber auch eine noch so gute Unfallskizze und noch so gute Fotografien der Unfallstelle vermögen trotzdem nicht zur Wiederherstellung des Rechtsfriedens beizutragen, wenn es Berufungsgerichte versäumen, diese auf Grund sorgfältiger polizeilicher Arbeit gewonnenen Ermittlungsergebnisse über einen Verweis gem. § 267 Abs. 3 S. 1 StPO in ihre Entscheidung einzubeziehen.[43]

7. Das Zeichen 117 Seitenwind

Erfahrungsgemäß gibt es Fahrzeuge mit hoher und Fahrzeuge mit niedriger Seitenwindempfindlichkeit. Leider werden diese wichtigen Fahrzeugdaten den Fahrzeugkäufern von der Verkäuferseite her

---

[40] VRS 59, 145 ff.
[41] *OLG Düsseldorf* VRS 60, 265 ff.
[42] so auch im Fall des *KG* VRS, 58, 348 ff.
[43] Wie das Versäumnis der Vorinstanz des *OLG Hamburg* VRS 59, 145 ff.

regelmäßig nicht mitgeteilt. Auf der Grundlage dieses Mangels müssen die notwendigen einschlägigen Erfahrungswerte also selbst von den Kraftfahrzeugführern gesammelt werden. Lediglich für die Fahrer von Gespannen ist es klar, dass ihre Gefährte regelmäßig stark auf Seitenwind reagieren.

Für die beiden beschriebene Gruppen ist es sehr hilfreich, an besonderen Orten im Verkehrsraum vor gefährlichem Seitenwind gewarnt zu werden. So ist das Zeichen 117 in aller Regel an größeren Brückenbauwerken zu finden, aber auch auf Autobahnabschnitten, entlang derer sich lang gezogene Waldschneisen befinden. Auf diese Weise können sich die Verkehrsteilnehmer in ihrer Fahrweise rechtzeitig auf die entgegenwirkenden Naturkräfte einstellen und ihr Lenkrad entsprechend kräftiger greifen bzw. gegenlenken.

8. Die Zeichen 120 und 121 Verengte Fahrbahn

Das allgemeine Zeichen für eine verengte Fahrbahn darf von der Straßenverkehrsbehörde nur dann für eine einseitig verengte Fahrbahn angeordnet werden, wenn eine Notsituation vorliegt und das speziellere Zeichen 121 nicht vorhanden ist (Grundsatz der Gefahrenspezialität aus VwV-StVO zu Zeichen 120 und 121 Verengte Fahrbahn unter I.).

Die an die Kraftfahrzeugführer zu richtenden Sorgfaltsanforderungen müssen zusätzlich die allgemeinen Verhaltensregeln aus § 1 Abs. 1 berücksichtigen, wonach insbesondere das Gebot zur Rücksichtnahme gegenüber den anderen Verkehrsteilnehmern sowie der Grundsatz des defensiven Fahrens gem. § 1 Abs. 1 StVO beachtet werden müssen. Kraftfahrzeugführer müssen sich bei Zeichen 120 oder 121 rechtzeitig auf Probleme im Begegnungsverkehr einstellen und darauf mittels eines vorausschauenden Fahrstils erhöhter Bremsbereitschaft reagieren.

In einigen Fällen, zumal in engen und winkligen Gassen von historischen Innenstädten kann es bereits zweifelhaft sein, ob überhaupt eine für den Fahrverkehr vorgesehene Fahrbahn vorliegt oder ob diese Gassen nicht nur dem Fußgängerverkehr vorbehalten sind. So hatte unlängst das *OLG Koblenz* einen Fall zu entscheiden, in dem ein Kraftfahrzeugführer eine Gasse befuhr, die zu ihrem Beginn zwar eine Breite von 3,80 m aufwies, sich dann aber stetig bis auf eine Breite von 2,50 m verengte und sodann in eine Treppe auslief.[44] Es kam zum Verkehrsunfall mit Sachschaden, weil der Kraftfahrzeugführer, ohne durch ein entsprechendes Verkehrszeichen gewarnt worden zu sein, am Ende des Weges mit dem Unterboden seines PKW auf der ersten Treppenstufe aufsetzte. Zu Recht sprach das *OLG Koblenz* dem Fahrer des PKW die alleinige Verantwortung für seinen Verkehrsunfall und damit auch für seinen Schaden zu, weil es nicht Aufgabe der Straßenverkehrsbehörde sei, im Falle einer übersichtlichen Örtlichkeit zusätzlich noch ein Gefahrzeichen anzubringen.

Nach Auffassung des *Verwaltungsgerichts Frankfurt/Oder* kann die Entbehrlichkeit eines früher angeordneten Gefahrzeichens ein praktischer Vorteil sein, der die Festsetzung eines Straßenausbaubeitrages rechtfertigt.[45] Die so neu gewonnene Einheitsbreite der Fahrbahnführung

---

[44] VRS 102, 163 ff., auch zum Folgenden.
[45] *VG Frankfurt/Oder*, Urt. v. 27.9.2010 - 7 K 379/08, juris.

stelle danach ein gewisser Vorteil für den gleichmäßigen und geordneten Verkehrsfluss dar, indem Verkehrsteilnehmer nun von der besonderen Obacht auf die zuvor stets vorhanden gewesene gewisse Gefahrenstelle, nachgewiesen durch das frühere Gefahrzeichen 120 der Anlage 1 zur Straßenverkehrsordnung, einer sich ändernden – insbesondere sich in Richtung Süden verengenden – Fahrbahnbreite nunmehr entbunden seien.

Wird die Fahrbahn einer normal ausgebauten Straße durch die Errichtung eines mit Granitsteinen eingefassten Pflanzbeets auf weniger als zwei Fahrstreifen verengt, ist die Gemeinde auf Grund ihrer Verkehrssicherungspflicht gehalten, hierauf durch Anbringung des Verkehrszeichens 120 bzw. 121 zu § 40 Abs. 6 hinzuweisen. Unterlässt sie einen solchen Hinweis, ist sie dem dadurch Geschädigten zum Schadensersatz verpflichtet.[46]

Kommt es aufgrund einer überraschenden und nicht ausreichend ausgewiesenen Fahrbahnverengung unmittelbar nach einem Spurwechsel zu einem Verkehrsunfall, verwirklicht sich nach Auffassung des *AG Bremen* nicht nur die Betriebsgefahr des bevorrechtigten Fahrzeugs, sondern eine Alleinhaftung scheidet bereits aus dem Grund aus, wenn eine Warnpflicht durch Anbringen des Gefahrzeichens 121 unterblieben ist. Ein vor Ort auf die Fahrbahn aufgemaltes Zeichen 121 ist in einem solchen Fall nicht ausreichend, weil es sich genau auf der Gefahrenstelle befindet und nicht im ausreichenden Abstand vor der Gefahrenstelle.[47]

9.   Das Zeichen 123 Arbeitsstelle

Ist in sämtlichen Fahrtrichtungen jeweils am Beginn eines (ausgedehnten) Baustellenbereichs ein Gefahrzeichen 123 sichtbar aufgestellt, so haben die Verkehrsteilnehmer diesen Bereich mit gesteigerter Aufmerksamkeit und Sorgfalt zu passieren.[48] Diese Verhaltensregel gilt auch für weiter ausgedehnte Baustellenbereiche jedenfalls dann, wenn nach dem äußeren Erscheinungsbild die Gefahrzeichen nicht eindeutig auf bestimmte engere, in der Nähe gelegene, Bereiche hinweisen und im weiteren Verlauf der Baustelle weitere und ohne weiteres erkennbare Anhaltspunkte für eine Bautätigkeit gegeben sind (wie z.B. zusätzliche Gefahrzeichen, sonstige warnende Verkehrseinrichtungen wie Absperrschranken, Leitbaken usw., offensichtliche bauliche Veränderungen wie ein Schotterbett). In diesen Fällen bedarf es für jede einzelne Baumaßnahme keiner darüberhinausgehenden besonderen Kennzeichnung durch Sicherungsmittel.

Beabsichtigt ein Bauunternehmer Arbeiten im Verkehrsraum, die sich auf den Straßenverkehr auswirken können, so ist er auf der Grundlage von § 45 Abs. 6 dazu verpflichtet, von der Straßenverkehrsbehörde vor Beginn der Bauarbeiten entsprechende Anordnungen einzuholen. Diese Anordnungen beinhalten i.d.R. auch die Anordnung von Zeichen 123, das vom Unternehmer entsprechend der Anordnung aufgestellt werden muss.

---

[46] *LG Lübeck*, Urt. v. 23.9.2005 - 2 O 49/04, juris.
[47] *AG Bremen*, Urt. v. 3.3.2011 - 9 C 366/10, juris.
[48] *OLG Hamm*, Urt. v. 3.7.1998 - 9 U 38/98, juris, auch zum Folgenden.

Regelmäßig werden im Rahmen der Absicherung von Baustellen im Straßenraum zahlreiche Fehler offenbar, die von kontrollierenden Polizeibeamten im Rahmen der vorzunehmenden Baustellenkontrollen aufgedeckt werden. Diese Fehler rühren oft daher, dass die von der Straßenverkehrsbehörde angeordneten Verkehrszeichenpläne unzureichend umgesetzt werden. Die Gefahren in Baustellenbereichen rühren also nicht nur von der Baustelle selbst, sondern ebenfalls von der unzureichenden Absicherung dieser Baustellenbereiche her.

Vor Gefahren, die von der Baustelle ausgehen, soll Zeichen 123 warnen und den Verkehrsteilnehmern die Möglichkeit geben, sich auf die veränderten Fahrbahnbedingungen einzustellen.

Gefahren lauern in diesen Bereichen hauptsächlich durch:

- Unzureichend befestigten Fahrbahnuntergrund,
- schlecht erkennbare Schwellen,
- kaum erkennbare Fahrbahnneigungen,
- unerwartetes Fahrbahngefälle,
- scharfkantige Fahrbahnränder,
- unterschiedlich griffige Untergründe,
- zusätzliche Erschwernisse durch lose auf die Fahrbahn aufgetragenen Splitt oder Schotter,
- kaum erkennbare seitliche Abgrenzungen von Behelfsstrecken,
- unkonventionelle Streckenführung,
- unachtsames Baupersonal und
- gefährdend eingesetztes oder platziertes Baugerät.

Die beschriebenen Gefahren potenzieren sich noch, wenn zusätzlich eine schlechte Witterung mit Regen, Schnee oder Glatteis hinzutritt, so dass sich die Sorgfaltsanforderungen für die Kraftfahrzeugführer steigern und die erlaubte Geschwindigkeit in vielen Fällen deutlich unterschritten werden muss.

In Fällen, in denen ein Kfz infolge des Straßenzustandes zu Schaden kommt, ist für die Abgrenzung von Unfall- und Betriebsschäden nach der Auffassung des *OLG Köln* darauf abzustellen, ob die Unebenheit oder Beschädigung der Fahrbahn nach dem allgemeinen Zustand der befahrenen Straße erwartet werden konnte oder ob dies ungewöhnlich und unerwartet war.[49] Davon kann keine Rede sein, wenn der Schaden im Bereich einer Baustelle eingetragen ist und wenn kurz vor der Schadenstelle das Verkehrszeichen 121 „einseitig – rechts – verengte Fahrbahn" und unmittelbar an der Schadenstelle das Verkehrszeichen 123 „Baustelle" aufgestellt ist. In diesem Fall handelt es sich bei dem Schadenergebnis um einen nicht versicherten Betriebsschaden.

Das an der Autobahn aufgestellte Verkehrszeichen 123 verlangt von einem auf der Überholspur fahrenden Kraftfahrer noch keine besondere Rücksichtnahme auf Bauarbeiter, wenn diese ausschließlich mit Nagelungsarbeiten auf der Standspur beschäftigt sind.[50] Zwar dient das Verkehrszeichen in erster Linie dem Schutz der Bauarbeiter, d.h. der Verkehrsteilnehmer hat bei diesem Zeichen hauptsächlich auf die Bauarbeiter zu achten und nicht umgekehrt, aber eine besondere Rücksichtnahme auf die Bauarbeiter ist dann nicht veranlasst, wenn diese außerhalb der Fahrbahn auf der Standspur arbeiten und sogar die Anweisung erhalten, die Fahrbahn nicht zu betreten.

Erfolgt die Geschwindigkeitsregelung innerhalb einer Autobahnbaustelle durch Verkehrszeichen mehrfach mit und ohne dem Gefahrenzeichen 123 ("Baustelle") und besteht ein eindeutiger Bezug der Verkehrszeichen zur Gefahrenstelle, so endet das Streckenverbot mit dem unzweifelhaften Ende der Gefahrenstelle.[51] Bei einer Geschwindigkeitsbegrenzung auf 30 km/h und dem Aufstellen des Gefahrzeichens 101 (verbunden mit dem Zusatzschild „Straßenschäden") und des Gefahrzeichens 123 besitzt auch ein Zweiradfahrer in der Annäherung an die aufgestellten Schilder Veranlassung, seine Geschwindigkeit deutlich herabzusetzen.[52]

---

[49] Urt. v. 19.9.1995 - 9 U 395/94, juris, auch zum Folgenden.
[50] *OLG Bamberg*, Urt. v. 21.6.1977 - 5 U 29/77, juris, auch zum Folgenden.
[51] *OLG Köln*, Beschl. v. 5.7.2017 – III-1 RBs 144/17, juris.
[52] *Saarländisches Oberlandesgericht Saarbrücken*, Urt. v. 27.10.2009 - 4 U 96/09 - 26, 4 U 96/09, juris.

Zur Absicherung einer Baustelle nahm das Berliner Kammergericht wie folgt Stellung: „Bei einer Baugrube in der Straßenmitte mit einer Tiefe von bis zu 20 cm, einer Länge von 2 - 3 m und einer Breite von ca. 1,5 m reicht eine Absicherung mit 15 - 28 cm hohen Sichtzeichen (Warnhütchen) zusammen mit einer gelben Fahrbahnmarkierung etwa 6 m vor der Baugrube auch dann nicht aus, wenn vor der Baustelle die Zeichen 123 und 121 zu § 40 StVO (Baustelle und Fahrbahnverengung) aufgestellt sind sowie durch die Zeichen 276 und 274 zu § 41 StVO ein Überholverbot und eine Höchstgeschwindigkeit von 30 km/h angeordnet wird; vielmehr sind ein einem solchen Fall Warnbaken mit Signalleuchten erforderlich."[53]

Eine nicht hinreichende Absicherung bzw. Kennzeichnung einer Baustelle, in der sich eine 4 cm starke Fräskante befindet, ist anzunehmen, wenn dieser Bereich nur mit den Verkehrszeichen 112 und 123, nicht jedoch zusätzlich mit dem Verkehrsschild „Achtung, 4 cm starke Fräskante" ausgeschildert war.[54]

10.   Das Zeichen 124 Stau

An den Strecken mit regelmäßiger Staubildung empfiehlt es sich, das Zeichen 124 dort anzuordnen, wo Staubildung und Stauende für sich annähernde KFZ nicht bereits auf längere Entfernung hin sichtbar sind. Dies kommt insbesondere dann in Betracht, wenn sich innerhalb der Staustrecke eine Kurve oder eine Kuppe befindet.

Es sollte sich für vorsichtige Kraftfahrzeugführer von selbst verstehen, in Bereichen, die durch Zeichen 124 gekennzeichnet sind, besonders vorausschauend zu fahren und einen Abbremsvorgang einzukalkulieren.

Das Zeichen korrespondiert mit der Regelung aus § 16 Abs. 2 S. 2 StVO, wonach bei der Annäherung an einen Stau das Warnblinklicht eingeschaltet werden darf, um andere Fahrzeugführer vor Staubildung zu warnen.

---

[53] *KG*, Urt. v. 5.10.2009 - 12 U 195/08, juris.
[54] *Landgericht Aachen*, Urt. v. 16.10.2008 - 7 O 88/07, juris.

11. Das Zeichen 125 Gegenverkehr

Auf zahlreichen Strecken im Verkehrsraum herrscht per definitionem kein Gegenverkehr, so auf Fahrbahnen für eine Richtung wie Autobahnen und Kraftfahrstraßen. Kraftfahrzeugführer stellen sich auf diese Verkehrsverhältnisse ein und rechnen zwangsläufig nicht mit Gegenverkehr.

Werden Fahrbahnen für eine Richtung im Zuge von Baumaßnahmen auf der Gegenfahrbahn allerdings behelfsweise für beide Fahrtrichtungen freigegeben, besteht auf der Grundlage von VwV-StVO zu Z. 125 unter I. die zwingende Verpflichtung das Zeichen 125 anzuordnen und – regelmäßig als mobiles Verkehrszeichen – aufzustellen.

Das Zeichen 125 korrespondiert mit dem Rechtsfahrgebot aus § 2 Abs. 2, wonach auf diesen lediglich vorübergehend für beide Fahrtrichtungen freigegebenen Fahrbahnen möglichst weit rechts gefahren werden muss und – so weit nicht durch Zeichen 276 und/oder Zeichen 295 verboten – bei Überholvorgängen äußerste Sorgfalt an den Tag gelegt werden muss.

12. Das Zeichen 131 Lichtzeichenanlage

Nicht alle Lichtzeichenanlagen sind auf weite Strecken hin sichtbar. Gerade im Verlauf von Landstraßen begegnen LZA nicht selten auch hinter Kurven oder Kuppen. In diesen Fällen sollte der Fahrverkehr auf die im weiteren Verlauf der Strecke angebrachte LZA rechtzeitig vorher gewarnt werden (VwV-StVO zu Z. 131 unter I.). Das Gefahrzeichen 131 „Lichtzeichenanlage" ist regelmäßig so anzubringen, dass auch ein nicht ortskundiger Kraftfahrzeugführer dessen Bedeutung ohne weitere Überlegung sofort eindeutig erkennen kann.[55] Daher müssen Verkehrseinrichtungen bzw. Verkehrszeichen so beschaffen sein, dass ihre Anordnung bei zumutbarer Aufmerksamkeit während des Fahrens, bei dem naturgemäß ein Teil der Aufmerksamkeit durch den Fahrvorgang als solchen absorbiert wird, durch einen beiläufigen Blick erfasst, verstanden und befolgt werden können.

Kraftfahrzeugführer müssen sich in diesen Fällen auch darauf einstellen, dass die LZA nicht unbedingt grünes Licht zeigt, wenn sie darauf zufahren, sondern wie vor anderen LZA auch stets bremsbereit sein.

13. Das Zeichen 133 Fußgänger

Fußgänger sind im Verkehrsgeschehen die schwächsten Verkehrsteilnehmer. Ihre Gesundheit mittels verkehrsbehördlicher Anordnungen und Handlungen effektiv und nachhaltig zu schützen, ist Verpflichtung aller staatlichen Gewalt. Es ist ein nicht zu vernachlässigender Fakt, dass der Fußgängerverkehr gegenüber dem Fahrverkehr gerade wegen seiner schwächeren Position in vielerlei Hinsicht verkehrspolitisch und städtebaulich benachteiligt worden ist.

Das Zeichen 133 soll den Fahrverkehr auf diese schwächeren Verkehrsteilnehmer hinweisen und insbesondere die Kraftfahrzeugführer auf die Belange und Verhaltensweisen der Fußgänger aufmerksam machen. Fußgänger sind gegenüber dem Fahrzeugverkehr stets dann gefährdet, wenn die Abstände zwischen den Fahrzeugen und den Fußgängern so gering sind, dass eine Berührung zwischen den beiden Verkehrsteilnehmern möglich ist. Diese potenziell möglichen Berührungen zu vermeiden, ist das Ziel des Zeichens 133.

Kraftfahrzeugführer, die nicht selten erst über einen bewusst erlebten Rollentausch als Verkehrsteilnehmer für die Interessen von Fußgängern sensibilisiert werden können, müssen sich stets auch auf unkonventionelles Verhalten von Fußgängern einrichten und in Bereichen von Zeichen 133 sogar ein mögliches Fehlverhalten von Fußgängern in ihre Fahrweise einkalkulieren.
Überschreitet ein Fahrzeugführer in einer 30 km/h-Zone unter Missachtung des Gefahrzeichens 133 die Geschwindigkeit um mehr als 50 % und verletzt dadurch ein 7jähriges Kind, das gerade die Straße überqueren will, so tritt hinter diesem objektiv und subjektiv groben Fehlverhalten die Unaufmerksamkeit des geschädigten Kindes als Verursachungsbeitrag zurück.[56]

---

[55] *AG Freiburg i. Br.*, Urt. v. 3.11.1992 - 31 OWi 1504/92a, juris, auch zum Folgenden.
[56] *OLG Zweibrücken,* Urt. v. 18.6.1999 - 1 U 170/98, juris.

14.   Das Zeichen 136 Kinder

Kinder laufen erfahrungsgemäß dort häufiger unvermittelt auf die Fahrbahn, wo sie spielerisch abgelenkt sind und nicht auf den Fahrverkehr achten. Dazu genügt bereits die Anwesenheit anderer Kinder, aber auch andere visuelle Reize aus anderen Bereichen des Verkehrsraums. An denjenigen Orten, an denen sich also zumeist mehrere Kinder versammeln wie z.B. an Kindergärten, Schulen und Freizeiteinrichtungen wie Spielplätzen empfiehlt die VwV-StVO zu Z. 136 die Anordnung des Zeichens.

Grundsätzlich verpflichtet das Gefahrenzeichen 136 „Kinder" den Kraftfahrer, seine Fahrweise so einzurichten, dass er in der Lage ist, sein Kraftfahrzeug jederzeit vor plötzlich auftauchenden Kindern anzuhalten.[57] Eine feste Regel für die Höchstgeschwindigkeit im Schutzbereich des Gefahrzeichens „Kinder" kann allerdings nach der Auffassung des *Hanseatischen Oberlandesgerichts Bremen* nicht aufgestellt werden.[58] Die Geschwindigkeit muss sich in den Fällen dieser Verkehrsregelung vielmehr nach den jeweiligen Umständen richten und hängt deshalb weitgehend davon ab, welchen seitlichen Abstand der Kraftfahrer von Sichthindernissen am Straßenrand einhalten kann, hinter denen plötzlich ein Kind auftauchen und auf die Fahrbahn laufen kann.

Darüber hinaus weist das Gefahrenzeichen 136 den Kraftfahrer grundsätzlich ohne jede zeitliche Einschränkung darauf hin, dass er mit dem plötzlichen Betreten der Fahrbahn durch Kinder zu rechnen und deshalb seine Fahrweise durch Bremsbereitschaft und erforderlichenfalls durch Reduzierung der Geschwindigkeit wie bei einer konkreten Gefahrenlage i.S.d. StVO § 3 Abs. 2a einzurichten hat.[59] Auf Grund des Zeichens 136 muss sich ein Kraftfahrzeugführer sogar darauf einrichten, dass für ihn zunächst nicht sichtbare Kinder hinter haltenden Bussen plötzlich auf die Fahrbahn rennen.[60] Diesen höchstrichterlichen Auslegungsregeln folgend müssen Kraftfahrzeugführer also ihren Fahrstil auf den konkreten Eintritt dieser Vermutung einrichten und für entsprechende Sicherheitspuffer in ihrer Fahrweise sorgen. Als da wären eine angepasste Geschwindigkeit, die also in der örtlichen Nähe von Zeichen 136 (abstrakte Gefahrenlage) ebenso auf das Fahrverhalten einwirkt wie die auf der Grundlage von § 3 Abs. 2a (konkretere Gefahrenlage gegenüber Z. 136) zu wählende Geschwindigkeit. Weiterhin müssen die seitlichen Sicherheitsabstände zu haltenden und parkenden Fahrzeugen nochmals gegenüber dem üblichen Sicherheitsabstand vergrößert werden.

Das *KG* ist der Auffassung, dass sich ein Kraftfahrzeugführer im Geltungsbereich von Zeichen 136 so verhalten muss, als ob er bereits am Fahrbahnrand stehende Kinder gesehen hätte.[61] Diese Ansicht verlagert mit dieser konkreten Verhaltensmaßregel aus Gründen der Verkehrssicherheit die Verantwortung vollends auf den motorisierten Verkehrsteilnehmer mit dem höchsten Gefährdungspotenzial.

---

[57] *KG*, Urt. v. 6.7.1978 - 3 Ss 125/78, juris.
[58] Urt. v. 6.8.1980 - 3 U 20/80, juris, auch zum Folgenden.
[59] *BGH*, Urt. v. 21.12.1993 - VI ZR 246/92, juris.
[60] *BGH* VRS 42, 362 ff.
[61] VRS 58, 348 ff.

Die an den Tag zu legende besondere Aufmerksamkeit und Bremsbereitschaft gilt für den gesamten örtlichen Bereich, der durch das Zeichen 136 geschützt werden soll.[62] Liegt im Bereich des durch Zeichen 136 geschützten Fahrbahnabschnitts ein Fußgängerüberweg, so gilt die besondere Aufmerksamkeitsverpflichtung für die gesamte Umgebung des Fußgängerüberweges.[63] Kraftfahrzeugführer müssen daher die Bewegungen von Fußgängern besonders intensiv beobachten, um daran erkennen zu können, welche Fußgänger „erkennbar" den Fußgängerüberweg benutzen wollen. Wird eine derartige Absicht von einem Kraftfahrzeugführer erkannt, so gilt die Verpflichtung.

Ist das Gefahrenzeichen 136 in einer Tempo-30-Zone aufgestellt, verpflichtet es den Fahrzeugführer auch ohne konkrete Gefahrenzeichen zu äußerster Sorgfalt im Hinblick auf möglicherweise überraschend die Fahrbahn betretende Kinder.[64] Diese Prämisse gilt nach Auffassung des OLG Düsseldorf insbesondere dann, wenn das konkrete Umfeld der befahrenen Straße (z.B. eine dichte Wohnbebauung, geringe Fahrbahnbreite mit parkenden Fahrzeugen und schmalem Gehweg, Nähe von Schule, Kindergarten oder Spielplatz, Tageszeit) die Annahme nahe legt, dass mit plötzlichem Auftauchen von spielenden Kindern zu rechnen ist. In einer derartigen Verkehrssituation muss ein Fahrzeugführer eine Fahrweise mit einer deutlichen Unterschreitung der Höchstgeschwindigkeit von 30 km/h bei ständiger Bremsbereitschaft wählen.

Herrscht im Bereich des Zeichens 136 eine die Sichtverhältnisse negativ beeinträchtigende schlechte Witterung, muss die Örtlichkeit besonders aufmerksam beobachtet und die Geschwindigkeit deutlich herabgesetzt werden.[65] Allerdings braucht ein Kraftfahrer trotz eines Verkehrszeichens „Kinder" bei Dunkelheit im Winter nicht damit zu rechnen, dass ein Kind plötzlich und unvorhersehbar auf die Fahrbahn und vor das Fahrzeug rennt.[66]

Auch ein 63 m vor einem möglichen Ort der Fahrbahnüberquerung durch Kinder aufgestelltes Zeichen 136 kann nur dann eine mögliche konkrete Gefahr minimieren, wenn der Kraftfahrzeugführer seine Geschwindigkeit entsprechend verringert, wobei ein Herabsetzen auf 27 km/h nur dann ausreichend sein kann, wenn dem Fahrer sein Reaktionspotenzial nicht zusätzlich noch durch zu geringe Seitenabstände verringert wird.[67] Allerdings muss ein Fahrzeugführer, der an einem als Schulbus gekennzeichneten, an einer Landstraße haltenden Bus (Zeichen nach der Anlage 4 zu § 33 Abs. 4 BO-Kraft und nach § 40 Zeichen 136 StVO im Heckfenster) vorbeizufahren beabsichtigt, seine Fahrweise darauf einstellen, dass Kinder auch plötzlich hinter dem Bus auf die Straße laufen können.[68] Der Fahrzeugführer braucht mit dieser Möglichkeit nur dann nicht zu rechnen, wenn er sich positiv davon überzeugt hat, dass in dem Bus keine Kinder mitfahren. Ohne Kenntnis der Insassen eines als Schulbus gekennzeichneten Busses muss er aus Gründen der Vorsicht und im Interesse der Verkehrssicherheit allerdings stets davon ausgehen, dass entsprechend den angebrachten Verkehrszeichen Kinder erscheinen. In diesem Zusammenhang ist es auch unerheblich, ob der Bus tatsächlich als Schulbus eingesetzt ist.

Kann ein Kind von einem Kraftfahrzeugführer am Straßenrand wahrgenommen werden, beinhaltet bereits diese Wahrnehmung eine Reaktionsaufforderung.[69] Somit muss bereits mit der Wahrnehmung regelmäßig eine sofortige Bremsbereitschaft hergestellt und der Fuß vom Gaspedal genommen werden.

Fährt ein Busfahrer mit einer Geschwindigkeit von ca. 27 km/h an einem auf dem Gegenfahrstreifen haltenden Bus vorbei und überfährt dabei ein unvermittelt auf die Straße stürmendes 9jähriges Kind, verteilt sich die Haftung zu zwei Drittel auf die Gesamtschuldnergemeinschaft aus Busfahrer, Halter des Busses und Haftpflichtversicherung sowie zu einem Drittel auf das Unfallopfer, dessen linker Fuß amputiert werden musste.[70] Interessant ist die zugesprochene Höhe des Schmerzensgeldes. Das

---

[62] OLG Hamburg VRS 59, 145 ff.
[63] OLG Koblenz VRS 62, 335 ff.
[64] OLG Düsseldorf, Urt. v. 19.6.2000 - 1 U 213/99, juris, auch zum Folgenden.
[65] OLG Karlsruhe VRS 78, 166 ff.
[66] OLG Frankfurt/M., Urt. v. 14.7.1981 - 17 U 252/80, juris.
[67] So geschehen im Fall eines Bus-/Fußgängerunfalls, wo der vom KG VRS 58, 348 ff., geforderte Seitenabstand von 2 m zum auf der anderen Fahrbahnseite haltenden KFZ vom den Unfall verursachenden Busfahrer nicht eingehalten wurde.
[68] OLG Oldenburg, Urt. v. 14.5.1991 - 12 U 15/91, auch zum Folgenden.
[69] OLG Karlsruhe VRS 78, 166 ff.
[70] KG VRS 58, 348 ff.; auch zum Folgenden; Busfahrer müssen bei ihren Fahrten insbesondere in Haltestellenbereichen stets mit Kindern rechnen und besonders sensibel fahren.

Kammergericht bemaß das Schmerzensgeld für das Unfallopfer, das neben der Fußamputation zusätzlich auch noch starke Quetschungen beider Beine erlitt, mit 20.000 DM in Anbetracht der lebenslangen Folgen dieses Verkehrsunfalls mit einer dauernden Erwerbsminderung von 50 % allerdings auch für damalige Verhältnisse nach heutigen Maßstäben bei weitem zu niedrig.

Eine Haftung von 100 % traf einen Kraftfahrzeugführer in einem vom *OLG Koblenz* entschiedenen Fall.[71] Er fuhr in einem mittels Gefahrzeichen 136 Kinder geschützten Bereich mit einer Geschwindigkeit von ca. 57 km/h in der Nähe eines Fußgängerüberweges und erfasste dort ein plötzlich auf die Fahrbahn tretendes 6jähriges Kind. Die Sicht des Unfallverursachers war zusätzlich durch zahlreiche parkende Fahrzeuge eingeschränkt. Bei der vom Gericht für an die Verkehrssituation angepasst gehaltenen Schrittgeschwindigkeit hätte er den Verkehrsunfall sicher vermeiden können.

Ebenfalls zu 100 % ließ das *OLG Karlsruhe* eine Kraftfahrzeugführerin haften, die ein 5jähriges Kind mit ihrem KFZ erfasste, das gerade entgegen der Vorschrift des § 25 Abs. 3 die Fahrbahn überqueren wollte.[72] In diesem Fall war das mit einer gelben Regenjacke auffällig gekleidete Kind bereits 200 m vor der Unfallstelle sichtbar und der Verkehrsunfall konnte auf Grund der nicht angepassten Fahrweise der Kraftfahrzeugführerin dennoch nicht vermieden werden.

Ein Fahrzeugführer, der beim Rückwärtsfahren ein Kleinkind überfahren hat, haftet für den gesamten materiellen und immateriellen Schaden des Kindes, wenn nur wenige Meter vom Unfallort entfernt das Gefahrenzeichen 136 aufgestellt war und der Fahrer daher die höchste Sorgfalt gem. § 3 Abs. 2a hätte beachten müssen.[73]

Eine Folge der polizeilichen Ermittlungen kann auch bei schwerwiegenden Körperverletzungen wie der Amputation von Körpergliedern und eindeutig vorliegendem fahrlässigem Verhalten des Unfallverursachers dennoch die Einstellung des Verfahrens sein.[74] Sein Verfahren wegen einer fahrlässigen Körperverletzung gem. § 230 StGB (heute: § 229 StGB) wurde eingestellt.
In einem anderen Fall führte der im Schutzbereich von Zeichen 136 stattgefundene Verkehrsunfall mit tödlichen Verletzungsfolgen für ein 5jähriges Kind trotz eines fahrlässigen Verschuldens des Unfallverursachers bei einer Verurteilung wegen des Vergehens einer fahrlässigen Tötung gem. § 222 StGB lediglich zu einer Geldstrafe in Höhe von 75 Tagessätzen.[75]

Beide Entscheidungen zeigen deutlich wie wenig die strafprozessuale Aufarbeitung von fahrlässigen Körperverletzungen und fahrlässigen Tötungen, die als Folgen von Verkehrsunfällen geschehen, dazu in der Lage ist, einmal geschehenes Unrecht mit den Mitteln des Strafrechts aufzuarbeiten. Der Rechtsfrieden bleibt insbesondere für die Unfallopfer und deren Angehörige dauerhaft gestört und vermag im Übrigen auch nicht durch spätere Schmerzensgeldzahlungen, um die dann in nachfolgenden Zivilprozessen zuweilen auch noch heftig gestritten werden muss, wieder hergestellt zu werden. Besser ist es auch aus dieser Sichtweise der Unfallopfer in jedem Fall mit allen zur Verfügung stehenden Mitteln präventiv derartige Unfallgeschehen zu verhindern. In dieser Hinsicht dürfen staatliche Mittel keineswegs beschnitten werden, auch wenn der Verkehrsunfallprävention bei weitem nicht die Aufmerksamkeit geschenkt wird wie dies gegenüber der Kriminalprävention der Fall ist.
Unter Berücksichtigung einer durch das Verkehrszeichen 136 gegebenen Mahnung hat ein Kraftfahrzeugführer gegen § 3 Abs. 1 verstoßen, wenn er seine Geschwindigkeit nicht so eingerichtet hat, dass er den Gefahren, auf welche das Zeichen hinwies, wirksam begegnen konnte.[76]

---

[71] VRS 62, 335 ff.; auch zum Folgenden.
[72] *OLG Karlsruhe* VRS 78, 166 ff.
[73] *OLG Frankfurt/M.*, Urt. v. 10.4.1997 - 15 U 77/96, juris.
[74] So im Fall des *KG* VRS 58, 348 ff., als ein Busfahrer ein 9jähriges Kind mit der genannten Folge der Amputation des linken Fußes Opfer überfuhr.
[75] *OLG Hamburg* VRS 59, 145 ff.
[76] *OLG Bremen*, Urt. v. 6.8.1980 - 3 U 20/80, juris.

15. Das Zeichen 138 Radverkehr

Das Verkehrszeichen 138 zu Anl. 1 zur StVO "Radverkehr" ist gemäß der hierzu erlassenen Allgemeinen Verwaltungsvorschrift nur dort anzuordnen, wo Radverkehr außerhalb von Kreuzungen oder Einmündungen die Fahrbahn quert, so dass § 8 dem Radfahrer in diesen Fällen kein Vorfahrtsrecht (rechts vor links) gewährt.[77]

Das Gefahrenzeichen 138 „Radverkehr" verlangt von dem Kraftfahrer, dass er mit gespannter Aufmerksamkeit und einer merklich geringeren Geschwindigkeit fährt, als sie sonst im Gefahrenbereich zulässig wäre.[78] In einem vom *OLG Oldenburg* entschiedenen Fall ereignete sich ein Verkehrsunfall zwischen einem Kraftfahrzeugführer und einem Radfahrer in dem Bereich des Zeichens 138.[79] Dabei hatte der Kraftfahrzeugführer sein Kfz unmittelbar vor dem Zeichen 138 auf eine Geschwindigkeit von 105 km/h beschleunigt und in der Folge einen die Fahrbahn kreuzenden Radfahrer erfasst und verletzt. Der Senat verteilte die Haftung in diesem typischen Fall eines Pkw-Radfahrer-Unfalls zu 60 % auf den Kraftfahrzeugführer und wegen eines erheblichen Mitverschuldens an dem Verkehrsunfall zu 40 % auf den Radfahrer.

Ebenso wie im Verhältnis zwischen Fußgängern und Kfz besteht auch zwischen Radfahrern und Kfz ein bedenkliches Sicherheitsgefälle, das sich im Begegnungsverkehr potenziell negativ auswirken kann. Aus diesem Grund soll Zeichen 138 den Kraftfahrzeugverkehr darauf hinweisen, dass im Verlauf von dessen Fahrweg mit kreuzenden Radfahrern zu rechnen ist, die ohnehin einen instabileren Verlauf ihrer Fahrspur aufweisen.

Zwingend muss das Zeichen 138 dort angebracht werden, wo im Verlauf einer Straße ein gemeinsamer Radweg beginnt oder endet bzw. dort, wo ein einseitiger Radweg endet (VwV-StVO zu Z. 138). An diesen Orten sind die Radfahrer dazu gezwungen, auf die Fahrbahn zu wechseln, so dass sich an diesen Schnittstellen potenziell Konfliktsituationen ergeben können – auch durch Unachtsamkeit bei den Radfahrern, die ohne auf Pkw-Fahrer zu achten auf die Fahrbahn wechseln, so dass ihnen in diesen Konfliktfällen regelmäßig eine Mithaftung angerechnet werden muss.
Auch das Zeichen 138 bedeutet, dass sich ein Kraftfahrzeugführer darauf einstellen muss, dass Radfahrer an diesen Stellen häufig und noch dazu unvermutet die Fahrbahn kreuzen.[80] Im Falle des Zeichens 138 ist vom Kraftfahrer als Verhaltenspflicht zu verlangen, dass er mit gespannter Aufmerksamkeit und einer merklich geringeren Geschwindigkeit fährt, als sie sonst in dem Gefahrenbereich zulässig wäre.[81] Der Kraftfahrer hat die gebotenen Vorsichtsmaßnahmen schon dann zu treffen, wenn die Gefahr, vor der gewarnt wird, noch nicht sichtbar ist, sich also noch nicht konkretisiert hat.

[77] *OLG Hamm*, Urt. v. 21.2.2017 – I-9 U 177/16, juris.
[78] *OLG Düsseldorf,* Urt. v. 23.6.1980 - 1 U 236/79, juris.
[79] *OLG Oldenburg* VRS 71, 172 ff., auch zum Folgenden.
[80] *OLG Düsseldorf* VRS 60, 265 ff.
[81] *AG Neuss,* Urt. v. 25.4.1996 - 33 C 319/94, juris, auch zum Folgenden.

Grundsätzlich haben Kraftfahrzeugführer immer dann, wenn sie im Verlauf ihres Fahrweges einen Radweg kreuzen müssen, mit Radfahrern zu rechnen, die vorhandene Radwege beiderseits befahren.[82] Keineswegs darf ein Kraftfahrzeugführer darauf vertrauen, dass Radfahrer nur rechte Radwege benutzen und daher beim Überqueren nur in die linke Richtung sehen. Auch darf er sich nicht darauf verlassen, auf linksseitig fahrende Radfahrer mittels Zeichen 138 sowie Zz. 1000-30 hingewiesen zu werden.

Generell fordert das Gefahrenzeichen 138 zu einer zurückhaltenden Fahrweise auf, ohne dass ein dem Zeichen entsprechendes konkretes Gefahrensignal erkennbar sein müsste.[83] In derartigen Fällen kann bei räumlich beschränkten Sichtverhältnissen für den womöglich querenden Radverkehr und den bevorrechtigten Geradeausverkehr eine Geschwindigkeit eines Motorrades von 65 km/h bereits zu hoch sein und es ist regelmäßig eine Fahrgeschwindigkeit zu wählen, wie sie bei innerörtlichen Verhältnissen, bei denen es auch zu unerwartetem Querverkehr durch Fußgänger kommen kann, geboten wäre. Fahrzeugführer müssen aufgrund des aufgestellten Gefahrenzeichens 138 (Radfahrer kreuzen) ihre Geschwindigkeit so weit herabsetzen, dass sie im Hinblick auf möglicherweise kreuzende Radfahrer rechtzeitig anhalten können.[84]

Wird eine mittels Zeichen 274 begrenzte zulässige Höchstgeschwindigkeit durch Zeichen 278 aufgehoben und befindet sich in unmittelbarer Nähe zum Aufhebungszeichen das Gefahrzeichen 138, so darf die Geschwindigkeit nicht auf die dort an sich zulässige Höchstgeschwindigkeit von 100 km/h, sondern lediglich erst einmal unwesentlich erhöht werden.[85] Erhöht ein Kraftfahrzeugführer dennoch an dieser Stelle sofort deutlich seine Geschwindigkeit, so handelt er grob verkehrswidrig.

Bei einer gut ausgebauten und mit Vorfahrtzeichen (Zeichen 306) geregelten Straße bedeutet es eine überspannte Forderung, vom Kraftfahrzeugführer auch bei einer Sichtbehinderung durch ein Gebüsch die Einhaltung einer Geschwindigkeit von deutlich unter 30 km/h zu fordern.[86]

16.   Das Zeichen 142 Wildwechsel

In waldreichen Gebieten liegt es bereits aus logischen Gründen nahe, als Kraftfahrzeugführer mit Wild zu rechnen, das über die Straße hinüber in angrenzende Waldstücke wechselt. Dennoch scheinen es viele Kraftfahrzeugführer mit diesen täglich konkret drohenden Gefahren nicht ernst genug zu nehmen. Zahlreiche Wildunfälle verursachen alljährlich Sachschäden in Millionenhöhe und führen infolge von präventiv kaum einzuübenden Ausweichreaktionen nicht selten auch zu Personenschäden bis hin zu tödlichen Verkehrsunfällen.

---

[82] *AG Köln* VRS 65, 3 ff., auch zum Folgenden.
[83] *OLG Hamm*, Urt. v. 13.1.2009 - I-9 U 70/08, 9 U 70/08, juris, auch zum Folgenden.
[84] *LG Bielefeld*, Urt. v. 29.9.2016 – 6 O 111/15, juris.
[85] *OLG Oldenburg* VRS 71, 172 ff.
[86] *OLG Düsseldorf* VRS 60, 265 ff.

Für diejenigen Örtlichkeiten mit schnellerem Verkehr, d.h. im Regelfall außerhalb geschlossener Ortschaften, an denen erfahrungsgemäß häufiger mit Wildwechsel zu rechnen ist, besteht eine zwingende Verpflichtung, das Zeichen 142 anzuordnen. Allerdings ist der Straßenverkehrssicherungspflichtige grundsätzlich nicht dazu verpflichtet, zusätzliche Wildschutzzäune anzubringen.[87]

Ist es auf einer bestimmten Strecke einer Straße bereits zu einer polizeilich erfassten Unfallhäufung von Wildunfällen gekommen, so handelt es sich regelmäßig um eine ungewöhnlich gefährliche Stelle, deren tatsächliche Gefährlichkeit sich den diese Örtlichkeit passierenden Verkehrsteilnehmern offensichtlich nicht auf den ersten beiläufigen Blick erschließt. Der verkehrssicherungspflichtige Straßenbaulastträger ist daher verpflichtet, durch das Aufstellen eines Warnschildes Zeichen 124 StVO – Wildwechsel auf die besondere Gefährlichkeit dieser Strecke hinzuweisen.[88] Von einer solchen Häufigkeit von Wildunfällen auf einer Strecke von 1 bis 1,2 km ist auszugehen, wenn sich dort pro Jahr durchschnittlich mehr als drei Unfälle ereignet haben.

Zwar muss der Straßenverkehrssicherungspflichtige vor Wildwechseln durch das Gefahrenzeichen 142 „Wildwechsel" warnen, damit der Verkehrsteilnehmer die Straßenverhältnisse richtig einschätzen kann, aber nur an wirklich gefährlichen Stellen, deren Gefährlichkeit schwer erkennbar ist.[89] Grundsätzlich gilt allerdings, dass auf durch Wälder führenden Straßen jeder Fahrzeugführer damit rechnen muss, dass Wild auch außerhalb eines ständigen Wechsels plötzlich über die Straße springt.

Es liegt in der Natur der Sache, dass die Straßenverkehrsbehörden dazu verpflichtet sind, diejenigen Personen und Behörden zu beteiligen, die sich mit dem Verhalten von Wild besonders auskennen wie z.B. Jäger und Förster. Für diese Personen und Behörden besteht auf der anderen Seite ein verbrieftes Beteiligungsrecht (VwV-StVO zu Zeichen 142 unter I. S. 2 und 3).

Die im Regelfall mittels Zz. 1001-30 oder 1001-31 anzugebende Länge der Gefahrenstrecke soll die Kraftfahrzeugführer auf möglichen Sichtkontakt mit Wild vorbereiten, wobei sich die angegebenen Streckenlängen logischerweise lediglich auf Erfahrungswerte stützen können. Auch außerhalb der auf diesen Zz. angegebenen Strecken ist dennoch mit Wild zu rechnen, das sich bekanntlich nicht an die Inhalte von Verkehrszeichen hält.

Für das Zeichen 142 (Wildwechsel) kann eine generell auf allen Straßen einzuhaltende Höchstgeschwindigkeit nicht festgelegt werden.[90] Die Frage, welche Geschwindigkeit ein Kraftfahrer an einer derart gekennzeichneten Gefahrenstelle einzuhalten hat, richtet sich vielmehr nach den gesamten Umständen des Einzelfalles.

Hierbei wird im Allgemeinen zu berücksichtigen sein:

- die Tageszeit,
- die Art der Straße,
- die Breite der Fahrbahn,
- die Länge der Gefahrstrecke,
- die Größe des Waldes und
- die Dichte des Wildbestandes.

Ein Versicherungsnehmer hat nach Ansicht des *OLG Köln* einen Verkehrsunfall sowohl objektiv als auch subjektiv grob fahrlässig herbeigeführt und es ist nach den Grundsätzen des Anscheinsbeweises davon auszugehen, dass die Unfallursache erheblich überhöhte Geschwindigkeit war, wenn er auf einer Autobahn, als ein Wildschwein im Scheinwerferlicht auftauchte, bei einem Brems- und Ausweichmanöver ins Schleudern geriet und mit den Leitplanken kollidierte und wenn er im Unfallzeitpunkt mit einer Geschwindigkeit von 170 bis 180 km/h gefahren ist, obwohl auf dem von ihm befahrenen Streckenabschnitt eine Geschwindigkeitsbeschränkung von 100 km/h angeordnet und durch Zeichen 142 vor Wildwechsel gewarnt war.[91]

[87] *BGH*, Urt. v. 13.7.1989 - III ZR 122/88, juris.
[88] *Landgericht Stade*, Urt. v. 19.2.2004 - 3 O 234/03, juris, auch zum Folgenden.
[89] *LG Coburg*, Urt. v. 24.4.2001 - 11 O 722/00, juris, auch zum Folgenden.
[90] *OLG Köln*, Urt. v. 7.10.1975 - Ss 184/75, juris, auch zum Folgenden.
[91] Urt. v. 28.1.1993 - 5 U 66/91, juris.

VI.   Bedarfsgefahrzeichen

Die Regelung des § 39 Abs. 8 steht in engem inhaltlichem Zusammenhang mit § 40. Die im Katalog genannten neun Sinnbilder wurden mit der Schilderwaldnovelle aus dem Katalog der Gefahrzeichen entfernt und in den neuen Katalog der erlaubten Sinnbilder verlagert. Es handelt sich um einen „Ausnahmekatalog" von den Gefahrzeichen. Dadurch entsteht der im Folgenden im Einzelnen dargestellte Katalog von Bedarfsgefahrzeichen, die von den Straßenverkehrsbehörden auf Abruf angeordnet werden können. Ist ein solches Bedarfsgefahrzeichen angeordnet und aufgestellt worden, trägt es denselben Rechtscharakter und hat dieselbe Rechtsbedeutung wie die grundständigen Gefahrzeichen.

1.   Das frühere Zeichen 113 Schnee- oder Eisglätte

Bereits in der Fahrschule lernen sämtliche Fahrerlaubnisbewerber eindringlich, dass sich insbesondere auf Brücken und in kurzen Waldschneisen besonders leicht gefährliche Glätte bilden kann. Diesen Erfahrungsschatz nahm die frühere VwV-StVO zu Z. 113 zum Anlass, gerade diese bekannten Gefahrenbereiche aus dem Anordnungsrahmen von Z. 113 i.d.R. heraus zu nehmen. Ein Regelfall liegt jedoch dann gerade nicht vor, wenn diese Streckenabschnitte auf Grund eines atypischen Straßenverlaufs schlecht erkennbar sind. In diesen Fällen sollte das Zeichen 113 also jedenfalls im Sinne der nicht ortskundigen Kraftfahrzeugführer entgegen der Regel angeordnet werden.

Es ist dem jahreszeitlichen Verlauf nach logisch und bedurfte der Regelung aus § 39 Abs. 1 folgend keiner besonderen verbindlichen Regelung in der früheren VwV-StVO zu Z. 113, dass diese Zeichen nach der Frostperiode aus dem Straßenbild entfernt werden, um den vorhandenen Schilderwald wenigstens punktuell ein wenig zu lichten.

Das Gefahrzeichen 113 korrespondiert mit § 3 Abs. 1 S. 2, wonach die vorherrschenden Witterungsverhältnisse stets in die eigene Fahrweise einkalkuliert werden müssen. Müssen also Kraftfahrzeugführer in den Wintermonaten ohnehin mit Schnee- und Eisglätte rechnen, erhöht sich diese allgemeine Aufmerksamkeit nochmals an den Stellen im Verkehrsraum, die durch Zeichen 113 gekennzeichnet sind. Insbesondere gilt an diesen Stellen nicht der Vertrauensgrundsatz, dass der Winterdienst die entsprechenden Streckenabschnitte bereits entschärft hat, sondern die Fahrzeugführer müssen eher davon ausgehen, dass die Fahrbahn noch nicht abgestreut wurde und ihre Fahrgeschwindigkeit entsprechend verlangsamen. In Kurvenbereichen ist ein rechtzeitiges Abbremsen bis auf Schrittgeschwindigkeit durchaus zumutbar.

Ein Kraftfahrer, der zur Winterzeit beim Befahren einer Kanalbrücke mit eisglattem Holzbohlenbelag zu Schaden kommt, kann sich gegenüber der verkehrssicherungspflichtigen Stadt regelmäßig nicht auf das Fehlen des Gefahrzeichens 113 berufen, da es jedem aufmerksamen Autofahrer erkennbar und bekannt ist, dass in der kalten Jahreszeit auf Brücken mit Eisglätte zu rechnen ist.[92]

---

[92] *Landgericht Münster*, Urt. v. 21.9.1978 - 15 O 396/78, juris.

2. Die früheren Zeichen 115 und 116 Steinschlag und Splitt, Schotter

Trotz inzwischen sehr guter baulicher Sicherungsmaßnahmen an den entlang der Gebirgsfelsen verlaufenden Straßen ist dennoch keine dieser Strecken wirklich vollkommen gegen Steinschlag abzusichern. So ist bereits grundsätzlich entlang dieser von Felswänden gesäumten Straßen mit Steinschlag zu rechnen und das Zeichen 115 ist in den meisten Fällen entbehrlich. Eine Anordnung kommt daher, der früheren VwV-StVO zu Z. 115 folgend, nur an den Orten in Betracht, die erfahrungsgemäß eine höhere Erosion aufweisen.

Ein weiteres, häufig als mobiles Verkehrszeichen im Verkehrsraum aufzufindendes Gefahrzeichen ist das Zeichen 116, das auf Rutschgefahr durch auf der Fahrbahn liegenden Splitt und Schotter hinweist.

Die Anordnung gerade dieses Zeichens kann für Zweiradfahrer lebenswichtig sein. Ist in Baustellenbereichen regelmäßig mit Splitt bzw. Schotter auf der Straße zu rechnen, bedarf es einer Anordnung des Zeichens 116 gerade in den Fällen, in denen provisorische „Schnellreparaturen" z.B. von Schlaglochstrecken auf kaltem Wege betrieben worden sind. An diesen Orten verteilen sich der feinkörnige Splitt und der grobkörnige Schotter regelmäßig, weil die Kraftfahrzeuge die lose oder nur unzureichend verdichtete Füllmasse aufwirbeln und großflächig auf der angrenzenden Fahrbahn verteilen. Befinden sich derartige Reparaturstellen auch noch in Kurvenbereichen, verdichtet sich die Anordnung des Zeichens 116 zur zwingenden Verpflichtung.

Auch auf Geh- und Radwegen, die erfahrungsgemäß auch häufig von Inline-Skatern genutzt werden, können Gefahren für den Fahrzeugverkehr lauern, die von Verunreinigungen und Unebenheiten herrühren. Eine Verpflichtung des Straßenbaulastträgers vor diesen Gefahren mittels Zeichen 116 oder Zeichen 101 zu warnen ist jedoch i.d.R. nicht notwendig. Der in diesen Fällen einzusetzende und aus Steuermitteln zu finanzierende Kontroll- und Reinigungsaufwand wäre für Länder und Kommunen kaum mehr zumutbar. Eine besondere Warnpflicht hinsichtlich des Zustands der Wege besteht in diesen Fällen für die Träger der Straßenbaulast nicht, weil die Gefahr, dass sich auf den Radwegen Kleinteile wie Zweige und Scherben befinden konnten, ohne Weiteres für Benutzer erkennbar sind.[93]

3. Die früheren Zeichen 128 Bewegliche Brücke und 129 Ufer

Bewegliche Brücken begegnet man im Verkehrsraum eher selten. Zumeist werden Straßen auf starren Brückenbauwerken über Flüsse, Kanäle und Meerengen übergeführt. Umso größer ist jedoch für den Fahrverkehr die Überraschung, wenn Fahrzeugführer im Verlauf ihrer Fahrt auf eine bewegliche Brücke treffen, die nach Bedarf geöffnet und geschlossen werden kann. Bedingt durch diesen möglichen Überraschungseffekt besteht die zwingende Verpflichtung, an sämtlichen beweglichen Brücken nicht nur mittels Zeichen 128 zu warnen, sondern zusätzlich mittels Lichtzeichen Aufmerksamkeit zu erheischen und weiterhin Schranken auf der Fahrbahn anzubringen. Insoweit korrespondiert Zeichen 128 mit § 37 sowie § 43 StVO.

---

[93] *OLG Koblenz* VRS 104, 421 ff.

In größeren Hafenanlagen, die problemlos mit Kfz befahren werden können, ist es regelmäßig nicht möglich und auch nicht notwendig, die Kaimauern bzw. das Ufer mittels durchgehender Schrankenanlagen oder Leitplanken abzusichern. I.d.R. arbeitet an diesen Orten lediglich Personal, das sich mit den Gegebenheiten der Ufer beruflich auskennt und die Gefahren einzuschätzen weiß. Ist jedoch an diesen Orten auch mit Fahrverkehr durch nicht ortskundige Kraftfahrzeugführer zu rechnen, so besteht die zwingende Verpflichtung, an Straßen, deren Auslauf direkt auf die ungeschützte Kaimauer bzw. das Ufer zuläuft, mittels Zeichen 129 zu warnen (vgl. die frühere VwV-StVO zu Zeichen 129). Der definitorische Ausschluss von Hafenanlagen aus dem Kreis dieser Gefahrenstellen berücksichtigt nicht die mangelnde Ortskenntnis bzw. Dreistigkeit mancher Kraftfahrzeugführer und sollte daher künftig geändert werden (vgl. die frühere VwV-StVO zu Zeichen 129 S. 2).

Wenn im Bereich einer Zufahrt zu einer rechtsrheinischen Fähranlegestelle das Zeichen 129 zu § 40 StVO angebracht wurde, ist es nicht zu beanstanden, dass seitens des Verkehrssicherungspflichtigen nicht noch zusätzlich dafür Sorge getragen wurde, dass die Zufahrt zusätzlich bei Abwesenheit der Fähre noch durch Kette oder Schranke versperrt oder durch eine Ampel gesichert war.[94]

4. Das Gefahrzeichen „Amphibienwanderung"

Das mit der Schilderwaldnovelle vollkommen neu eingeführte Bedarfs-Gefahrzeichen Amphibienwanderung war bislang lediglich ein Zusatzzeichen und wurde nunmehr aufgewertet zu einem Gefahrzeichen, das von den Fahrzeugführern beachtet werden muss. Bei dem Inhalt des Verkehrszeichens handelt es sich um eine Regelung des Umweltschutzes, genauer des Artenschutzes, die nunmehr Eingang in die StVO gefunden hat.

5. Das Gefahrzeichen „Unzureichendes Lichtraumprofil"

Das Bedarfs-Gefahrzeichen „Unzureichendes Lichtraumprofil" wurde mit der Schilderwaldnovelle vollkommen neu eingeführt und war bislang lediglich ein Zusatzzeichen. Es wurde nunmehr aufgewertet zu einem Gefahrzeichen, das von den Fahrzeugführern beachtet werden muss.

Das einen Baumunfall darstellende Zusatzschild im Sinne von § 39 Abs. 3 StVO zum die Geschwindigkeit begrenzenden Schild enthält bei sinn- und zweckorientierter Auslegung lediglich einen Hinweis darauf, dass an der entsprechenden Stelle Baumunfälle drohen und dass die Beschränkung der zulässigen Höchstgeschwindigkeit der Gefahrenabwehr dient.[95]

---

[94] *OLG Karlsruhe*, Urt. v. 21.3.2007 - 22 U 5/06 RhSch, juris.
[95] *OLG Oldenburg (Oldenburg)*, Beschl. v. 14.12.2015 – 2 Ss (OWi) 297/15, juris.

6. Das frühere Zeichen 144 Flugbetrieb

Flugplätze sind für viele Menschen einerseits faszinierend, andererseits eine Quelle ständiger Unruhe. Gerade die vom Flugbetrieb ausgehenden Lärmemissionen sowie der Anblick startender und landender sowie auch im Tiefflug befindlicher Flugzeuge sind grundsätzlich dazu geeignet, Kraftfahrzeugführer von ihren Fahraufgaben abzulenken und somit für potenzielle Gefahrensituationen zu sorgen. In vielen Flughafenbereichen werden inzwischen auch Flugzeuge über Brücken auf jenseits der Autofahrbahn gelegene Start- und Landepisten geführt, so dass der Anblick in einiger Höhe kreuzender Flugzeuge ebenfalls dazu geeignet ist, die Blicke der Führer von Kraftfahrzeugen auf sich zu ziehen. Aus den genannten Gründen soll das Zeichen 144 überall dort angeordnet werden, wo derartige Ablenkungsmöglichkeiten gegeben sind.

VII. Der § 40 Abs. 7 – Besondere Gefahrzeichen

Die Zeichen 151 bis 162 Bahnübergang

Schienenfahrzeuge haben auf Bahnübergängen gegenüber jeglichem anderen Verkehr gem. § 19 Vorrang, wo das Andreaskreuz (Zeichen 201) angeordnet ist oder wo sonst Bahnstrecken über andere Wege geführt werden. Infolge des viel längeren Bremsweges von Schienenfahrzeugen wäre jede andere Regelung auch nicht praktikabel.

Kraftfahrzeugführer können sich im Regelfall darauf einstellen, dass an nahezu sämtlichen Bahnübergängen mittels der Zeichen 153 bis 162 gewarnt wird, während eine alleinige Warnung mittels Zeichen 151 die Ausnahme darstellt.

Verkehrssicherungspflichtige Behörden müssen auch im Bereich von Bahnübergängen im Rahmen der Zumutbarkeit die Gefahren ausräumen und ggf. vor ihnen warnen, die für den sorgfältigen Straßenbenutzer (§ 1 Abs. 1) nicht oder nicht rechtzeitig erkennbar sind und auf die er sich nicht oder nicht rechtzeitig einstellen kann.[96]

Selbst in den Fällen, in denen grundsätzlich eine Verletzung der Verkehrssicherungspflicht der Sicherungspflichtigen bejaht werden würde, müsste jedoch deren Haftung gemäß § 254 Abs. 1 BGB wegen eines weit überwiegenden Mitverschuldens der Verletzten an den von ihnen erlittenen Unfällen und ihren daraus entstandenen Verletzungen ausscheiden, wenn bereits durch die Beschilderung weithin sichtbar auf eine besondere Gefahrenstelle aufmerksam gemacht worden war. Im Bereich von Bahnübergängen muss insbesondere den Radfahrern klar sein, dass regelmäßig durch die Schienen selbst, erfahrungsgemäß aber häufig auch durch die Anbindung des Straßenbelags an die Schienen mit besonderen Gefahren zu rechnen ist, auf die sich auch ein Radfahrer mit einer entsprechend zu wählenden Geschwindigkeit einstellen muss.

Auch wenn ein Verkehrsunfall (vorrangig) auf den Rotlichtverstoß eines Kraftfahrers zurückzuführen ist, ist eine Mithaftung des Bahnunternehmens anzunehmen, wenn sich der Unfall im Bereich eines unbeschrankten Bahnübergangs ereignet hat, der infolge des Straßenverlaufs und ungünstiger Sichtverhältnisse (z.B. rechtwinklige Kurve und Buschwerk) samt Blinklicht erst aus circa 30 m Entfernung erkennbar wird und vor dem ein Kraftfahrer nur durch das Zeichen 151 „unbeschrankter Bahnübergang" gewarnt wird, nicht aber auch durch Warnbaken.[97]

---

[96] *OLG Stuttgart* VRS 105, 410 ff.
[97] *OLG Hamm*, Urt. v. 20.12.1993 - 6 U 151/93, juris.